유니티로 배우는
안드로이드 게임 개발

유니티로 배우는 안드로이드 게임 개발

3D/2D 안드로이드 게임 개발 마스터

시드하스 쉐카 · 와자하트 카림 지음

최민석 옮김

Packt> i!i 에이콘

| 지은이 소개 |

시드하스 쉐카^{Siddharth Shekar}

5년 이상의 경력을 가진 게임 개발자이며 C++, C# 등의 프로그래밍 언어를 사용한 지는 11년이 됐다. 그래픽 라이브러리와 유니티, 언리얼 엔진 등의 게임 엔진에 능숙하며, iOS, 안드로이드, 아마존, 윈도우 등의 여러 앱스토어에 게임을 출시했다.

팩트출판사의 『Learning Cocos2d-x Game Development』(2014), 『Learning iOS 8 Game Development Using Swift』(2015), 『Cocos2d Cross-Platform Game Development Cookbook』(2016)을 집필했으며, 『iOS Programming Cookbook』(2017)을 기술 감수하기도 했다.

현재는 뉴질랜드 오클랜드에 위치한 미디어디자인 스쿨의 게임 개발부에서 강사로 플레이스테이션 4와 비타 게임 개발을 위한 그래픽 프로그래밍을 강의하고 있으며, 졸업 준비생들의 졸업 작품을 지도하고 있다.

미디어디자인 스쿨에 대해서는 해당 학교의 웹사이트에서 자세한 내용을 볼 수 있다. 또한 트위터(@sidshekar)에서 시드하스를 팔로우할 수 있다.

항상 적극적으로 지원해주시는 부모님께 감사를 드리고 싶다. 또한 이 책을 집필하도록 격려해준 미디어디자인 스쿨의 관계자 여러분에게도 고마운 마음을 전한다. 마지막으로 이 책을 집필할 기회를 주고 출판해준 팩트출판사에도 감사 인사를 전한다.

와자하트 카림^{Wajahat Karim}

다양한 기술에 대한 폭넓은 전문 지식을 갖춘 숙련된 모바일 앱 및 게임 개발자이며, 7년 이상의 소프트웨어 개발 경험을 갖고 있다.

파키스탄 이슬라마바드에 위치한 국립 과학기술 대학교^{NUST} 전자공학과 컴퓨터과학 학부에서 정보통신 시스템공학 학위를 받았다. 14살부터 게임을 개발했으며 안드로이드 SDK, 안드로이드 게임 엔진^{AndEngine}, 어도비 플래시, 어도비 에어, 게임 메이커, 유니티3D를 포함한 다양한 플랫폼을 능숙하게 다룬다.

프로그래밍과 코딩뿐만 아니라 어도비 포토샵, 어도비 일러스트레이터, 어도비 플래시, 오토데스크 마야 같은 컴퓨터 그래픽 툴에도 익숙하다. 최근에는 오만의 무스카트에서 정부 요청으로 2015년 슈라^{Shura} 위원회 선거를 위한 안드로이드와 iOS용 실시간 선거 모니터링 앱을 만들었다. 이후로도 여러 스타트업을 시작했으며 가상 현실과 증강 현실 관련 스타트업에도 참여했다.

현재는 다국적 기업의 개발 관리자이며, 안드로이드 개발자가 앱 성장을 촉진하고 사용자에게 인앱 혜택을 제공할 수 있도록 하는 스타트업과 협업하고 있다.

게임 개발과 기업가 정신, 그리고 집필에 깊은 열정을 갖고 있으며 팩트출판사의 『Learning Android Intents』(2014)를 공동 집필했다.

문의사항이 있으면 와자하트의 개인 웹사이트를 방문해보자.

무엇보다 내 삶의 모든 것을 허락해주신 알라신에게 감사드린다. 이 책을 시작하도록 도와주고 끝낼 수 있다는 믿음을 심어준 친구 파잘 하야트(Fazal Hayat)에게 고마운 마음을 전한다. 항상 나를 자랑스러워하며 내 꿈을 추구하고 집필에 집중하도록 도와준 사랑스러운 누이 나베라 카림(Navera Karim)과 수메라 아이자즈(Sumera Aijaz)에게도 감사한다. 내 아버지 압둘 카림 메몬(Abdul Karim Memon)과 항상 어머니 이상으로 끊임없이 기도해주고 헌신적인 사랑으로 오늘날의 나를 있게 해준 이모에게도 감사한다. 내 친구 아야즈 아메드(Ayaz Ahmed), 시라즈 아메드(Sheeraz Ahmed), 파야즈 아메드(Fayaz Ahmed), 아지줄라 메몬(Azizullah Memon), 무바쉬르 하산(Mubashir Hassan), 알리 후세인(Ali Hussain), 아스란 아브로(Arslan Abro), 그리고 내 생활에 활력을 주는 형제보다도 좋은 친구 하산 알리(Hasan Ali)에게도 고맙다는 말을 하고 싶다.

또한 아내 굴 사노버(Gul Sanober)의 지칠 줄 모르는 무조건적인 지원과 협조에 깊은 감사의 마음을 전한다. 덕분에 이 책에 집중할 수 있었고, 삶에서 진정으로 즐기는 일을 할 수 있도록 지속적인 지원을 받을 수 있었다. 나는 이 책을 쓰면서 그녀의 많은 시간을 빼앗았고, 파트너로서 그녀를 내 삶에 함께 하게 된 데에 감사하고 자랑스럽게 생각한다.

그리고 마지막으로 이 책을 집필할 수 있도록 기회를 주고, 작업 과정에 전적인 협조와 지원을 아끼지 않은 팩트출판사에 감사의 마음을 전한다.

| 기술 감수자 소개 |

아세마 하산 Asema Hassan

게임 개발자이자 인공지능 연구원이며 강사다. 현재 독일 마그데부르크에 위치한 오토 폰 귀릭케 대학교Otto von Guericke University에서 박사 과정을 밟고 있으며, 주요 연구과제는 게임의 인공지능이다. 또한 독일 국립 신경변성질환 센터에서 유니티로 3D 가상현실 시뮬레이션을 개발 중이다.

파키스탄의 게임 업계에서 3년간 일했으며, 아그니투스Agnitus에서 소프트웨어 엔지니어로 근무하는 동안 여러 안드로이드/iOS용 2D/2.5 게임을 개발했다. 유니티 엔진과 C#, C++에 익숙하며, 팩게이머PakGamers 커뮤니티의 관리자로서 학생들에게 게임 개발 프로세스를 안내하는 역할도 하고 있다.

여행과 사진 촬영을 즐기며 개인 웹사이트(http://asemahassan.blogspot.de)에서 블로그를 운영하고 있다.

이 책을 감수할 기회를 준 팩트출판사와 좋은 책을 집필한 지은이에게 감사 인사를 전한다.

엔진 폴랏 Engin Polat

개발자와 설계자로서 다양한 규모의 .NET 기술 기반 프로젝트에 참여했으며 1999년 이후로 여러 상을 수상했다.

2008년부터는 터키의 여러 주요 기업에서 윈도우 개발, 웹 개발, 분산 애플리케이션 개발, 소프트웨어 아키텍처, 모바일 개발, 클라우드 개발 등에 대한 교육 서비스를 제공했다.

그 밖에도 터키의 여러 대학에서 .NET 기술, 윈도우 플랫폼 개발, 클라우드 개발, 웹 개발, 게임 개발 등을 주제로 다양한 세미나와 이벤트를 주최하고 있다.

또 개인 블로그(http://www.enginpolat.com)에서 경험을 공유하고 있다.

MCP, MCAD, MCSD, MCDBA, MCT 인증을 보유하고 있으며 2012년에는 마이크로소프트에서 윈도우 개발 MVP를 취득했고, 2017년에는 비주얼 스튜디오와 개발 기술 MVP를 취득했다.

2013년과 2015년에는 노키아 개발 챔피언 상을 수상했고, 2015년 마이크로소프트에서 지역 관리자로 임명됐다. 팩트출판사의 『Mastering Cross Platform with Xamarin』(2016), 『Xamarin Blueprints』(2016), 『Xamarin by Example』(2016), 『Mastering Xamarin UI Development』(2017)에 참여하기도 했다.

이 책을 검토하는 동안 아낌없이 지원해준 사랑하는 아내 옐리즈(Yeliz)와 귀여운 딸 멜리스 에이다(Melis Ada)에게 고맙다는 말을 하고 싶다. 그리고 새롭게 가족 구성원이 된 아들 우트 쿠 에지(Utku Ege)를 따뜻하게 환영하고 싶다.

| 옮긴이 소개 |

최민석

2005년부터 번역 회사에서 언어 전문가로 일하다 독립한 후 현재는 IT 전문 번역가로 일하고 있다. 10여 년 동안 수백 건의 소프트웨어 현지화와 개발자 웹사이트 한글화 프로젝트를 진행했으며, 지금은 IT 전문 서적을 번역하는 일에 집중하고 있다. 번역한 책으로는 『리액트 디자인 패턴과 모범 사례』(에이콘, 2017), 『Unity 5.x By Example』(에이콘, 2016), 『유니티 5 메카님 캐릭터 애니메이션』(에이콘, 2016), 『네티 인 액션』(위키북스, 2016), 『유니티와 C#으로 배우는 게임 개발 교과서』(위키북스, 2015) 등이 있다.

| 옮긴이의 말 |

유니티는 이제 거의 모든 게임 플랫폼에서 게임을 개발할 때 가장 먼저 고려되는 게임 엔진이 됐습니다. 과거에는 소규모 인디 개발팀과 개인 개발자가 유니티를 도입하는 데 적극적이었지만, 현재는 국내외의 여러 대규모 업체에서도 유니티로 개발한 중량급 게임을 꾸준히 선보이고 있습니다. 유니티가 대규모 게임 프로젝트에 활발하게 채택되는 데는 유니티에 대한 업계 전반의 인식 변화도 있지만, 유니티가 제공하는 기능이나 성능이 최근 몇 년간 크게 향상된 것도 주요 요인이라 하겠습니다.

특히 버전 체계를 바꾼 2017.1 버전부터는 서너 달이 멀다 하고 놀랄 만큼 큼지막한 주요 업데이트를 쏟아내고 있습니다. 이제 유니티의 기존 장점인 사용 편의성과 완만한 러닝커브, 가격 정책에 더해 경쟁제품과 비교해 우위에 설 만큼 강력하고 광범위한 기능과 최적화된 성능을 자랑할 수 있게 됐습니다.

유니티가 지원하는 여러 플랫폼 중에서 특히 안드로이드를 비롯한 모바일 게임 분야는 유니티가 강세를 보이는 시장입니다. 이 책은 유니티를 이용해 안드로이드용 게임을 개발하려는 개발자에게 유니티와 안드로이드 플랫폼을 소개하고, 2D 게임과 3D 캐릭터, 인공지능, 사용자 인터페이스, 게임 플레이와 게임 씬, 게임 기록 등을 구현하는 과정을 직접 따라하며 이해해야 할 기본 개념을 설명합니다. 또한 마지막 부분에서는 소셜미디어 통합, 광고 통합, 인앱 구매 등을 구현하는 방법과 완성된 게임을 마켓에 등록하는 과정을 설명합니다. 이 책이 유니티로 안드로이드 게임을 개발하려는 개발자에게 좋은 안내서가 되길 바랍니다.

| 차례 |

유니티의 출발은 그리 대단하지는 않았지만, 이제는 거의 모든 독립 게임 개발자가 선택할 정도로 업계에 널리 보급된 툴이 됐다. 유니티를 사용하면 아주 손쉽게 게임 프로토타입을 개발할 수 있으며, 좋은 아이디어가 있으면 간단한 프로토타입을 완전한 게임으로 확장할 수 있을 만큼 유연하다.

유니티는 전문적인 기능을 지원하면서도 초보자도 몇 시간만 투자하면 기본적인 게임을 만들 수 있을 정도로 사용하기 쉽다. 또한 충분한 노력을 투자하면 멋진 조명 효과와 애니메이션으로 무장한 아주 수준 높은 게임을 개발할 수 있다.

최신 버전의 유니티는 게임 개발의 진입 장벽을 그 어느 때보다 더 낮췄다는 평가를 받고 있다.

이 책에서는 2D와 3D 게임 개발의 다양한 주제를 다룬다. 특히 제트팩 조이라이드와 비슷한 2D 게임과 조명 효과, 카메라를 사용한 3D 격투 게임을 만드는 과정을 살펴본다. 또한 버튼, 텍스트, 화면 전환 등의 효과를 추가하는 방법을 배운다. 마지막으로 게임을 만든 다음에는 인앱 구매와 광고를 추가해 수익을 올리는 방법을 배운다.

▌ 이 책이 다루는 내용

1장, 유니티3D를 사용한 안드로이드 게임 개발 소개   안드로이드 게임 개발의 기본 개념, 안드로이드 게임의 간단한 역사, 유니티3D에서 안드로이드 게임의 구성 요소, 게임의 기본 흐름 같은 기본 개념을 다룬다.

2장, 활기찬 펭귄 2D 게임 마무리　제트팩 조이라이드 클론 게임을 마무리하면서 2D 게임 개발에 대한 여러 주제를 확장한다. 2장에서는 파티클 시스템, 카메라 관리, 프리팹prefabs, 애니메이션, 트리거, 콜라이더collider, 기본 GUI 시스템 같은 다양한 주제를 다룬다.

3장, 액션 격투 게임에 플레이어 캐릭터 추가　모델과 텍스처 가져오기, 캐릭터의 리깅 설정, 모델에 애니메이션 적용, 가상 온스크린 조이스틱을 사용한 플레이어 캐릭터 조종 등을 포함한 3D 액션 격투 게임의 기본 구성을 다룬다.

4장, 인공지능을 갖춘 적 캐릭터　게임의 적 캐릭터를 만들기 위해 모델을 가져오고, 애니메이션을 적용하며, 인공지능을 통한 의사결정을 적용하는 과정을 알아본다.

5장, 게임 플레이, UI, 효과　게임 플레이 루프를 마무리하고, UI를 추가하며, 게임의 점수를 표시할 텍스트 추가, 특수 효과를 위한 파티클 효과를 사용하는 방법을 알아본다.

6장, 게임 씬과 씬 플로　메인 메뉴 씬을 만드는 과정과 옵션 씬에 대해 설명하고, 게임에서 씬 사이를 전환하는 방법을 설명한다.

7장, 게임 기록, 소셜, 인앱 구매, 광고 통합　게임의 진행 상황을 저장하는 방법, 페이스북이나 트위터 같은 소셜미디어를 통합하는 방법, 광고 통합, 인앱 구매를 통한 수익 창출에 대해 알아본다.

8장, 사운드, 마무리, 게시　게임 개발을 마무리하고 사운드를 추가한다. 또한 장치에서 게임을 실행하는 방법과 안드로이드 플레이 스토어에 게임을 게시하는 과정을 안내한다.

▐ 준비 사항

유니티 웹사이트에서 다운로드할 수 있는 최신 버전의 유니티가 필요하며, 유니티를 실행할 수 있는 컴퓨터가 있어야 한다. 이 책에서는 모든 코드를 C#으로 작성하므로 C#에 대한 기본적인 이해가 필요하다. 안드로이드 에뮬레이터에서 게임을 실행할 수 있지만 게임의 실제 성능을 확인하려면 실제 안드로이드 장치가 필요하다.

유니티 5 이후 버전에서 예제 프로젝트를 읽으려고 하면 버전 불일치 경고가 표시된다. 대화상자에서 Continue 버튼을 클릭하면 프로젝트를 읽을 수 있지만, 프로젝트에 포함된 리소스 파일을 다시 가져와야 실행할 수 있다.

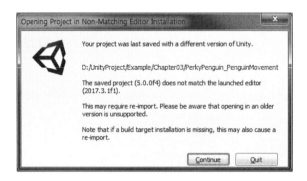

❚ 이 책의 대상 독자

이 책은 초, 중급 유니티3D 개발자가 고수준 안드로이드 게임을 개발하기 위해 알아야 할 기술을 설명한다. 유니티3D와 해당 환경에 대한 기본부터 중간 수준의 이해, 게임 오브젝트와 프리팹의 기본 개념, C#이나 자바스크립트를 사용하는 유니티 스크립팅, 그리고 유니티3D를 사용해 기본적인 2D와 3D 게임을 개발하는 방법을 알아야 한다.

이 책은 간단하고 기본적인 안드로이드용 게임을 만들어본 경험이 있는 개발자가 복잡한 애니메이션과 다중 레벨, 캐릭터 기술, 적의 약점, 인공지능, 업적, 점수판 등을 포함하는 복잡하고 수준 높은 게임을 개발하려고 할 때 큰 도움이 될 것이다.

▌ 편집 규약

정보의 종류를 구분하기 위해 여러 가지 편집 규약을 사용했다. 각 사용 사례와 의미는 다음과 같다.

본문에서 코드 단어, 데이터베이스 테이블 이름, 폴더 이름, 파일 이름, 파일 확장자, 경로 이름, 더미 URL, 사용자 입력, 트위터 핸들은 다음과 같이 표시한다.

"bIsDefending 변수는 애니메이션 컨트롤러에서 매개변수로 정의한 것과 동일하다."

코드 블록은 다음과 같이 보여준다.

```
private Animator anim;
// 초기화에 사용

void Start () {
    anim = GetComponent<Animator>();
} // 시작
```

코드 블록의 특정 부분을 강조할 때는 다음과 같이 해당하는 행을 굵게 표시한다.

```
if (pAnim.GetBool("tIsPunching")){
    if (anim.GetBool("bEnemyIsDefending") == false) {
        Debug.Log("enemy got hit");
        anim.SetTrigger("tEnemyGotHit");
        anim.SetBool("bEnemyIsDefending", true);
        health -= pScript.damage;
    }
}
```

명령 줄 입력이나 출력은 다음과 같이 작성한다.

```
C:\Program Files\Unity\Editor\Unity.exe
```

새로운 용어와 중요한 단어는 굵게 표시한다. 예를 들면 메뉴나 대화 상자에 화면에 보여주는 단어는 다음과 같이 굵은 텍스트로 표시한다.

"**Inspector** 패널에서 각 게임 오브젝트의 컴포넌트를 관리할 수 있다."

 주의해야 하거나 중요한 내용은 이 아이콘으로 표시한다.

 팁과 요령은 이 아이콘으로 표시한다.

독자 의견

독자 의견은 항상 환영이다. 이 책에 대해 좋은 점이든 부족한 점이든 모두 알려주기 바란다. 독자 의견은 독자에게 필요한 주제를 개발하는 데 매우 중요하다.

일반적인 의견을 보낼 때는 간단하게 feedback@packtpub.com으로 제목에 책 이름을 적어서 이메일을 보내면 된다.

만약 전문적으로 다루는 주제가 있거나, 책으로 펴내는 데 관심이 있다면 저자 안내 페이지(www.packtpub.com/authors)를 참조하길 바란다.

▌ 고객 지원

팩트출판사의 도서를 구매하면 책을 최대한 활용할 수 있도록 도와주는 몇 가지를 방법을 제공한다.

예제 코드 다운로드

예제 코드 파일은 http://www.packtpub.com에서 로그인한 후 다운로드할 수 있다. 이책을 다른 곳에서 구매한 경우 http://www.packtpub.com/support에서 등록하면 파일을 이메일을 통해 받을 수 있다.

다음의 과정으로 코드를 다운로드한다.

1. 팩트출판사 웹사이트(http://www.packtpub.com)에서 이메일과 비밀번호를 입력해 로그인하거나 등록한다.
2. 맨 위에 있는 **SUPPORT** 탭으로 마우스를 이동한다.
3. **Code Downloads & Errata**를 클릭한다.
4. **Search** 입력란에 도서명을 입력한다.
5. 코드 파일을 다운로드할 책을 선택한다.
6. 드롭다운 메뉴에서 책 구매처를 선택한다.
7. **Code Download**를 클릭한다.

다운로드가 완료되면 다음 프로그램의 최신 버전을 이용해 파일의 압축을 해제하거나 특정 폴더에 압축을 해제한다.

- 윈도우: WinRAR / 7-Zip
- 맥: Zipeg / iZip / UnRarX
- 리눅스: 7-Zip / PeaZip

이 책의 코드는 또한 GitHub의 https://github.com/PacktPublishing/Mastering-Android-Game-Development-with-Unity에서도 다운로드할 수 있다. 그리고 https://github.com/PacktPublishing/에서는 다양한 도서와 비디오 카탈로그에서도 해당 코드를 제공하니 확인해 보길 바란다. 또한 에이콘출판사의 도서정보 페이지인 http://www.acornpub.co.kr/book/android-game-unity-master에서도 예제 코드를 다운로드할 수 있다.

책에서 사용한 컬러 이미지 다운로드

이 책에서 사용된 그림과 다이어그램을 컬러 이미지로 볼 수 있는 PDF 파일을 제공한다. 이 컬러 이미지는 이 책의 출력물에서 나타나는 차이점을 이해하는데 많은 도움이 될 것이다. 이 파일은 http://www.packtpub.com/sites/default/files/downloads/MasteringAndroidGameDevelopmentwithUnity_colorImages.pdf에서 다운로드할 수 있다. 또한 에이콘출판사의 도서정보 페이지인 http://www.acornpub.co.kr/book/android-game-unity-master에서도 다운로드할 수 있다.

정오표

내용을 정확하게 전달하기 위해 최선을 다하지만 실수가 있을 수 있다. 책의 본문이나 코드에서 잘못된 부분을 발견하면 알려주기를 바란다. 그런 참여를 통해 다른 독자에게 도움을 주고, 다음 버전에서 책을 더 개선할 수 있다. 오탈자를 발견하면 http://www.packtpub.com/submit-errata 페이지에 접속해 책을 선택하고, Errata Submission Form 링크를 클릭해 발견한 오탈자의 상세 정보를 입력해주면 된다. 보내준 내용이 확인되면 웹사이트에 그 내용이 올라가거나, 해당 도서의 정오표 섹션의 목록에 추가된다.

등록된 오탈자는 https://www.packtpub.com/books/content/support에 접속해서 검색창에 책 제목을 입력하면 Errata 섹션에서 확인할 수 있다.

한국어판의 오탈자는 에이콘출판사의 도서정보 페이지 http://www.acornpub.co.kr/book/android-game-unity-master에서 볼 수 있다.

저작권 침해

인터넷의 저작권 침해는 모든 미디어가 갖는 심각한 문제다. 팩트출판사에서는 저작권과 라이선스 문제를 매우 중요하게 보호하며, 어떤 형태로든 팩트출판사의 불법 복제물을 인터넷에서 발견한다면 적절하게 조치할 수 있도록 해당 주소나 웹사이트 이름을 즉시 알려주길 바란다.

불법 복제물로 의심되는 자료에 대한 링크는 copyright@packtpub.com으로 보내주길 바란다.

저자를 보호하고 귀중한 콘텐츠를 제공할 수 있도록 도움을 준 데에 감사한다.

질문

이 책과 관련된 질문이 있다면 questions@packtpub.com을 통해 문의하기 바란다. 한국어판에 관한 질문은 에이콘출판사 편집팀(editor@acornpub.co.kr)으로 문의해주길 바란다.

01

유니티3D를 사용한
안드로이드 게임 개발 소개

스마트폰의 시대라고 할 수 있는 오늘날에는 지구상의 거의 모든 사람이 스마트폰을 이용하고 있다. 2014년에만 10억 개가 넘는 안드로이드 스마트폰이 판매됐으며, 이것은 안드로이드용 앱을 개발하는 개발자에게 엄청난 수의 잠재 고객이 있음을 의미한다. 앱 개발자들은 사용자나 중독성 있는 재미난 게임의 문제를 해결하고, 플레이어가 즐겁게 여가시간을 보내고 좋은 대화형 환경을 경험할 수 있게 하는 높은 수준의 유틸리티 앱을 만들기 위해 노력한다. 이 책에서는 가장 인기가 있는 게임 엔진 유니티3D를 사용해 재미있는 게임을 개발하는 데 초점을 맞춘다.

1장에서 다룰 주제는 다음과 같다.

- 안드로이드 소개
- 유니티3D와 게임 엔진
- 유니티 게임 개발의 기본 개념
- 새로운 게임 프로젝트의 구성
- 활기찬 펭귄 게임 시작
- 게임에 펭귄 추가하기

▌ 안드로이드 소개

안드로이드는 리눅스 기반의 운영체제로, 구글의 아파치 라이선스 계약에 따라 오픈소스 소프트웨어로 공개된다. 오픈소스라는 특성으로 인해 여러 스마트폰 공급업체에서 안드로이드 운영체제를 새로 개발한 스마트폰 신제품에 채택하기 시작했고, 이는 소비자들을 위한 다양한 스마트폰 시장에 기여했다. 안드로이드는 첫 번째 버전부터 상당한 수준의 성숙도를 제공했으며, 스마트폰을 위한 안정적이고 안전한, 더 믿을 만한 운영체제로 자리 잡았다. 다음 절에서는 많이 사용되는 안드로이드 버전에 대해 알아본다.

안드로이드 버전

안드로이드는 거의 매년 새로운 버전을 선보이면서 기능을 향상시키고 있다. 각 버전에는 사용자 인터페이스에서 맞춤 구성, 유연성, 보안에 이르기까지 다양한 분야의 새로운 기능이 포함된다. 각 버전은 사용자와 개발자가 기억하기 쉽도록 킷캣, 롤리팝, 마시멜로 같은 달콤한 간식의 이름을 별칭으로 붙였다.

안드로이드의 버전 이름이 알파벳 순서로 지정된다는 점도 흥미롭다. 애플파이(Apple Pie) 1.0과 바나나 브레드(Banana Bread) 1.1부터 시작해 최근의 누가(Nougat)까지 알파벳 순서로 이름을 붙이는 관행은 계속되고 있다.

다음은 여러 안드로이드 버전의 주요 특징과 API 레벨을 정리한 도표다.

표 1.1 안드로이드 버전별 주요 특징

안드로이드 버전	버전 이름	주요 특징	API 레벨	출시월
1.0 G1	바나나 브레드	GPS, 블루투스, 멀티태스킹, 구글 서비스, 안드로이드 플레이 스토어	2	2008년 2월
1.5	컵케이크	검색창, 플레이 스토어 개선, 카메라, 제스처	3	2009년 4월
1.6	도넛	온스크린 키보드, 홈스크린 위젯, 폴더	4	2009년 9월
2.0.x	에클레어	다중 사용자 계정, 플래시 지원, 줌 기능, 블루투스 2.1	5, 6, 7	2009년 10월
2.2.x	프로요	USB 테더링, 핫스팟 지원, 어도비 플래시, 음성 전화 걸기	8	2010년 5월
2.3.x	진저브레드	새로운 복사/붙여넣기, WebM, NFC, 전면 카메라	9, 10	2010년 12월
3.x	허니콤	3D 그래픽, UI 재설계, 비디오 채팅, 블루투스 테더링, 3G, 4G	11, 12, 13	2011년 2월
4.0.x	아이스크림 샌드위치	가상 버튼, 얼굴 잠금해제, 네이티브 카메라 지원, 얼굴 인식, 안드로이드 빔, 와이파이 다이렉트	14, 15	2011년 10월
4.1 – 4.3	젤리빈	확장 알림, 구글 나우	16, 17, 18	2012년 7월
4.4	킷캣	주요 디자인 인터페이스 업데이트, 반투명 상태표시줄, 몰입 모드, 무선 인쇄	19, 20	2013년 10월
5.0	롤리팝	UI 재설계, 잠금 화면 알림, 게스트 모드, 배터리 절약 모드	21	2014년 10월
6.0	마시멜로	지문 보안 지원, 배터리 절약을 위한 절전 모드, 앱 대기 모드, 향상된 앱 권한	23	2015년 10월 5일
7.0	누가	다중 창 뷰, VR 지원	24, 25	2016년 8월 22일

이 표에는 안드로이드 운영체제 개발사인 구글이 구현한 특징만 포함된다. 안드로이드는 오픈소스이므로 다른 스마트폰 제조회사에서 특징을 변경하거나 새로 추가한 특징이 있을 수 있다. 예를 들어 삼성은 터치위즈TouchWiz라는 맞춤형 터치 인터페이스를 만들었고, HTC는 HTC 센스라는 맞춤형 사용자 인터페이스를 만들었다. 비슷하게 소니는 타임스케이프TimeScape라는 맞춤형 사용자 인터페이스를 도입했다.

그림 1.1 2014년 출시된 안드로이드 스마트폰 제품들

구글 플레이: 안드로이드의 마켓 스토어

스마트폰이 보급된 이후, 소프트웨어 업계에 마켓 스토어라는 개념이 정착됐으며 모바일 개발 환경에 혁명을 가져왔다. 구글 플레이는 모바일 앱과 게임의 혁명에 아주 큰 역할을 했다. 구글 플레이는 220만 개 이상의 안드로이드용 앱, 게임, 책, 음악, 동영상 등이 판매되는 가장 큰 규모의 마켓 스토어다. 현재까지 이러한 앱과 게임은 500억 회 이상 다운로드됐으며, 8년 간의 안드로이드 역사상 엄청난 업적을 세웠다. 구글 플레이는 http://play.google.com에서 확인할 수 있다.

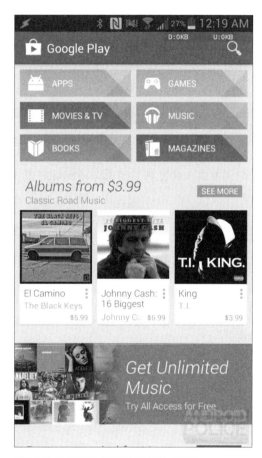

구글 뮤직, 구글 무비와 TV, 구글 북스, 구글 매거진 등의 서비스는 일부 국가에서만 제공된다.

그림 1.2 안드로이드 기기에서의 구글 플레이

▌ 유니티3D와 게임 엔진

게임 엔진game engine이란 비디오 게임을 개발하기 위해 설계된 소프트웨어 프레임워크를 말한다. 게임 디자이너와 개발자가 처음부터 모든 것을 만들 필요 없이 쉽고 빠르게 게임을 개발할 수 있게 도와주는 툴과 프레임워크가 다양하게 출시됐다. 유니티, 언리얼Unreal, Cocos2D-x, LibGDX 같은 안드로이드용 네이티브 코드 프레임워크를 비롯해 최신의 게임 엔진은 깔끔한 사용자 인터페이스와 드래그 앤 드롭 기능을 지원해 개발자가 더 손쉽게 게임을 개발할 수 있게 도와준다. 이러한 엔진은 사용자 인터페이스와 기능, 이식 방법 등에서 많은 차이가 있지만 게임을 개발할 수 있게 해준다는 점에서 근본적인 목적은 동일하다.

다음 절에서는 가장 많이 사용되는 게임 엔진 중 일부를 다음과 같은 몇 가지 기준을 중심으로 간단히 소개한다.

- 게임 학습과 개발 편의성 같은 사용자 인터페이스와 환경
- 게임 엔진의 특징과 기능, 품질 수준
- 가격 정책

각각의 게임 엔진을 비교해보자.

언리얼 엔진

언리얼 엔진(http://www.unrealengine.com)은 에픽 게임즈Epic Games가 개발한 게임 엔진이다. 원래는 에픽 게임즈의 내부용 게임 엔진으로 개발됐고, 1998년 1인칭 슈팅 게임 언리얼에 처음 사용됐다. 언리얼 엔진은 주로 1인칭이나 3인칭 슈팅 게임을 제작하는 데 많이 사용되지만 MMORPG 같은 다른 장르에도 많이 사용된다. 언리얼 엔진은 높은 수준의 이식성을 지원하며 C++로 작성한 논리와 동작을 간단한 인터페이스로 연결할 수 있다.

최신 버전인 언리얼 엔진 4는 윈도우, 엑스박스 원, 윈도우 RT, OS X, 리눅스, 플레이스 테이션 4, iOS, 안드로이드, Ouya, WebGL을 비롯해 유니티가 지원하는 거의 모든 플랫폼을 지원한다.

언리얼 엔진 4는 2014년 3월 공개됐으며, 깔끔한 사용자 인터페이스와 세련되고 사용하기 쉬운 탐색 컨트롤을 제공한다. 언리얼 엔진은 1인칭 슈팅 게임을 제작하는데 적합한 사용하기 쉬운 작업 흐름과 인터페이스를 제공하며, 사전 계산된 조명을 제거하고, 복셀 콘트레이싱voxel cone tracing을 사용한 실시간 글로벌 일루미네이션을 포함하는 AAA급 게임을 개발하기 위한 첨단 기능을 포함한다.

언리얼 엔진은 게임 개발, 교육, 건설, 가상현실 시각화, 영화와 애니메이션 등 다양한 용도로 활용할 수 있다. 언리얼 엔진으로 개발한 게임이나 애플리케이션을 출시하면 제품당 3,000달러의 초기 로열티와 분기별 총수입의 5%를 지불해야 한다. 언리얼 엔진의 학습 곡선은 상당히 가파른 편이며 초보 개발자에게는 적합하지 않다.

그림 1.3 언리얼 엔진 4 인터페이스

어도비 플래시 프로페셔널

어도비 플래시(이전 이름은 매크로미디어 플래시)(http://www.adobe.com)는 어도비 플래시 플레이어에서 재생할 수 있는 벡터 그래픽, 애니메이션, 게임, 리치 인터넷 애플리케이션 RIAs을 만들기 위한 멀티미디어 소프트웨어 플랫폼이다. 플래시는 주로 웹 브라우저용 광고와 애니메이션을 제작하는 데 많이 사용되며, 게임 개발 용도로는 HTML5 프레임워크로 대체되는 추세다.

어도비 플래시는 한때 온라인 브라우저 게임 개발을 위한 가장 인기 있는 게임 엔진이었으며, 온라인 포털용 게임을 개발하려는 독립 게임 개발자 사이에서 큰 인기를 얻기도 했다.

어도비 플래시는 아티스트가 편집기 안에서 직접 벡터 그래픽을 제작할 수 있는 사용하기 쉬운 인터페이스를 제공한다. 또한 어도비 일러스트레이터와 어도비 포토샵의 레이어를 지원하므로 기존의 벡터 아트와 애니메이션을 통합하기도 수월하다. 어도비 플래시는 어도비 에어 프레임워크를 통해 웹 브라우저용 게임과 애니메이션을 데스크톱(맥과 윈도우), 안드로이드, iOS 등으로 이식할 수 있게 해주지만, 낮은 성능 때문에 게임 개발자와 아티스트들에게 좋은 평가를 받지 못했다.

어도비 플래시는 30일 무료 사용 기간을 제공하지만, 이 절의 다른 엔진과는 달리 무료 사용 기간이 끝나면 라이선스를 구매해야만 한다.

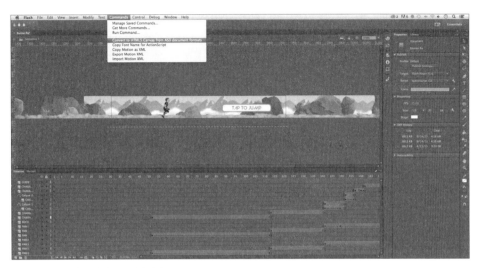

그림 1.4 어도비 플래시 CC 인터페이스

게임 메이커 스튜디오

게임 메이커 스튜디오Game Maker Studio(처음에는 아니모라는 이름이었으나 후에 게임 메이커로 변경)
는 1999년 마크 오버마Mark Overmars가 델파이Delphi 프로그래밍 언어로 만든 이벤트 기반 게
임 제작 시스템이다. 처음에는 2D 애니메이션 제작용으로 개발됐지만 2D 게임 제작을 위
한 사용하기 쉬운 드래그 앤 드롭 방식의 툴로 발전했다.

게임 메이커 스튜디오는 미리 정의된 이벤트를 사용해 게임 내 액션을 생성하므로 프로그
래밍과 코딩에 대한 지식이 없어도 아주 쉽게 게임을 제작할 수 있으며, 게임의 복잡한 동
작을 정의하기 위해 게임 메이커 언어GML라는 샌드박스형 언어를 사용한다.

게임 메이커 스튜디오는 게임을 윈도우, 맥 OS X, 우분투, HTML5, 안드로이드, iOS, 윈
도우 폰 8, 타이젠 등으로 배포할 수 있는 깔끔한 사용자 인터페이스를 제공하며, 최신 버
전에는 엑스박스 원과 플레이스테이션 배포가 포함됐다.

타이젠(Tizen)은 모바일, 웨어러블, 차량용 인포테인먼트, TV를 포함한 모든 장치를 위한 오픈소스 운영체제다.

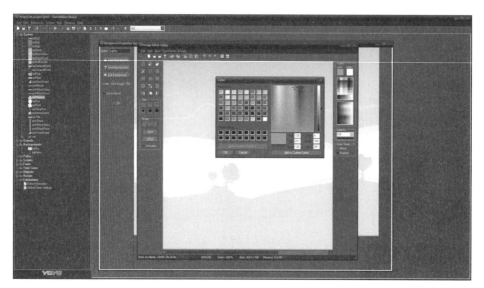

그림 1.5 게임 메이커 스튜디오 인터페이스

유니티3D

유니티(http://unity3d.com)는 유니티 테크놀로지에서 개발한 크로스 플랫폼 게임 엔진이다. 2005년 애플의 개발자 콘퍼런스를 통해 처음 공개됐고, 당시에는 맥 OS용 게임 개발만 지원했지만, 이후 데스크톱, 모바일, 콘솔을 비롯한 15가지 이상의 지원 플랫폼이 추가됐다. 유니티는 다중 플랫폼을 대상으로 원클릭 이식 기능으로 잘 알려졌으며, 블랙베리 10, 윈도우 폰 10, 윈도우 10, OS X, 리눅스, 안드로이드, iOS, 유니티 웹 플레이어(페이스북 포함), 어도비 플래시, 플레이스테이션 3, 플레이스테이션 4, 플레이스테이션 비타, 엑스박스 360, 엑스박스 원, 위 유[Wii U]와 위[Wii] 등의 다양한 플랫폼을 지원한다.

유니티는 프로젝트를 출발부터 효과적으로 관리할 수 있게 해주는 아주 효율적인 인터페이스를 자랑한다. C#과 자바스크립트로 작성한 동작 스크립트를 드래그 앤 드롭으로 손쉽게 연결하고, 시각적 객체를 활용해 사용자 정의 논리와 기능을 정의할 수 있게 해준다. 유니티는 처음에는 초보 개발자들이 쉽게 배워 게임 개발을 시작할 수 있는 게임 엔진으로 알려졌지만, 현재는 대규모 개발업체에서 도입하는 사례도 많아졌다.

유니티는 개발자가 2D와 3D 게임을 모두 별다른 문제 없이 개발할 수 있는 엔진이다. 또한 방대한 온라인 안내와 훌륭한 설명서, 그리고 많은 개발자가 참여하는 커뮤니티를 보유하고 있다. 또한 다른 개발자가 개발한 재사용 가능한 컴포넌트를 구매해 개발 시간을 절약할 수 있는 에셋 스토어를 운영하고 있다. 유니티 에셋 스토어는 http://assetstore. unity3d.com에서 볼 수 있다.

유니티 플러스와 프로는 일정 사용료를 지불하고 사용할 수 있으며, 유니티 퍼스널은 연간 총수익이 10만 달러 이하인 회사나 개인이 무료로 사용할 수 있다. 자세한 내용은 유니티 스토어(https://store.unity.com/)에서 확인해 보자.

그림 1.6 유니티3D 엔진 인터페이스

▍유니티3D의 기능

유니티는 강력한 렌더링 엔진과 직관적인 툴, 2D와 3D 게임을 위한 신속한 워크플로, 올인원 배포 지원, 도움이 되는 개발자 커뮤니티와 함께 막대한 양의 유·무료 에셋 등을 포함하는 게임 개발의 생태계로 자리 잡았다. 유니티의 주요 특징을 간단히 소개하면 다음과 같다.

- 직관적인 편집기 작업 영역에서 신속하게 씬을 조합할 수 있는 워크플로
- 최상급 시각 효과, 고해상도 오디오, 고속 액션을 포함하는 수준 높은 게임
- 2D와 3D 게임을 모두 개발할 수 있는 공통 작업 환경 제공
- 적은 시간을 투자해 자연스러운 애니메이션을 만들 수 있는 고유하고 유연한 애니메이션 시스템
- 모든 플랫폼에서 원활한 프레임 속도를 보장하는 고성능 시스템
- 데스크톱, 브라우저, 모바일, 콘솔 등을 포함한 모든 플랫폼에 신속하게 배포할 수 있는 원클릭 배포 기능
- 에셋 스토어에서 구할 수 있는 방대한 양의 에셋을 활용해 개발 시간 단축

요약하면 유니티는 개발자 친화적이고 사용하기 쉬우며, 독립 개발자가 무료로 사용할 수 있는 다기능 게임 엔진이다. 다음 절에서는 유니티3D의 더 놀라운 기능을 살펴보겠다.

▍유니티 게임 개발의 기본 개념

유니티3D와 게임 개발의 개념에 대해 자세히 알아보기 전에 유니티 5.6에 대한 몇 가지 기본 사항을 먼저 확인해보자. 특히 유니티 인터페이스, 메뉴 항목, 에셋을 사용하는 방법, 씬을 만드는 방법, 빌드를 게시하는 방법을 알아본다.

이 절은 유니티에 대해 아직 잘 모르는 개발자가 유니티를 사용한 게임 개발의 기본 사항을 배우기 위한 내용이다. 유니티의 기본 사항에 익숙한 독자는 이 절을 건너뛰어도 된다.

유니티 편집기 인터페이스

유니티 5.6을 처음 실행하면 화면 좌우와 아래쪽에 몇 개의 패널을 포함하는 편집기가 표시된다. 아직은 이러한 패널에 대해 신경 쓸 필요가 없다. 다음 그림은 처음 실행했을 때 표시되는 편집기 인터페이스를 보여준다.

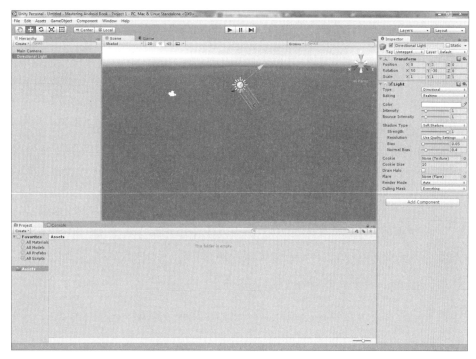

그림 1.7 초기 상태의 유니티 5 편집기 인터페이스

우선 편집기를 둘러보면서 익숙해지도록 하자. 유니티 편집기는 여러 개의 작은 패널과 뷰로 분할돼 있으며, 개발자와 디자이너의 필요에 맞게 이러한 패널과 뷰를 드래그해 작업 영역을 맞춤 구성할 수 있다. 유니티 5는 다음 그림 1.8에서 보듯이 화면의 오른쪽 상단 모서리에 있는 Layout 드롭다운 메뉴에서 선택할 수 있는 몇 가지 사전 설정하는 작업 영역 레이아웃 템플릿을 제공한다.

그림 1.8 유니티 5 편집기 레이아웃

편집기의 현재 레이아웃은 Default 레이아웃이다. Layout 메뉴에서 이러한 레이아웃을 선택하고 편집기의 인터페이스가 어떻게 바뀌고 패널이 어디로 배치되는지 확인할 수 있다. 이 책에서는 2×3 작업 영역 레이아웃을 사용한다.

그림 1.9는 2×3 작업 영역을 선택한 화면이며, 뷰와 패널의 이름이 표시돼 있다.

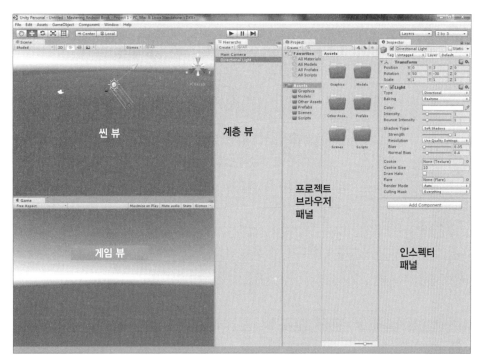

그림 1.9 유니티 2×3 레이아웃의 뷰와 패널 이름

여기서 볼 수 있듯이 유니티 편집기는 여러 뷰로 패널로 구성돼 있다. 각 패널과 뷰에는 특정한 용도가 있다. 자세한 내용은 다음 절에서 알아보자.

씬 뷰

씬 뷰는 게임 개발이 이뤄지는 주된 공간이며, 작은 점부터 복잡한 3D 모델까지 게임의 모든 에셋이 여기에 포함된다. 씬 뷰는 캐릭터, 적, 플레이어, 카메라 등 게임의 무대에 놓을 수 있는 모든 객체를 선택하고 배치하는 데 사용된다. 게임에 배치하고 표시할 수 있는 이러한 객체를 **게임오브젝트**GameObject라고 한다. 씬 뷰는 게임오브젝트를 선택, 비율 조정, 회전, 삭제, 이동하는 등의 조작을 할 수 있게 해준다. 간단히 말해 씬 뷰는 개발자와 디자이너를 위한 대화식 샌드박스와 같다. 씬 뷰는 내비게이션과 트랜스폼 같은 몇 가지 컨트롤을 제공한다.

트랜스폼 툴

유니티에서 게임을 개발할 때는 씬에 많은 수의 게임오브젝트를 놓고, 비율을 조정하거나 회전하는 등의 기본적인 편집 작업을 해야 한다. 이러한 기본적인 편집 작업을 트랜스폼 transform이라고 하며 트랜스폼 툴을 이용해 수행한다.

그림 1.10 트랜스폼 툴

이 툴바에서 트랜스폼 작업을 선택하고 현재 게임오브젝트를 적절하게 변경할 수 있다. 다음 그림은 트랜스폼 툴을 선택했을 때 현재 선택된 게임오브젝트 주변에 표시되는 기즈모gizmo를 보여준다.

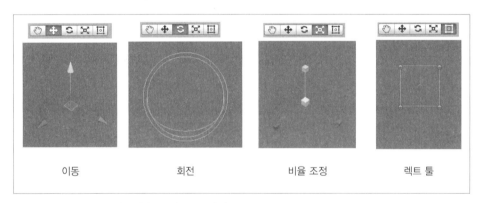

| 이동 | 회전 | 비율 조정 | 렉트 툴 |

그림 1.11 게임오브젝트에 표시되는 트랜스폼 툴의 기즈모

이러한 툴은 각 툴의 이름처럼 정확히 같은 작업(이동, 회전, 비율 조정)을 한다. 렉트 툴은 유니티 4.3에 2D 지원과 툴이 추가될 때 도입됐으며, 2D 스프라이트 객체를 이동, 비율 조정, 회전하는 데만 사용된다. 각 툴에 해당하는 키보드 단축키를 이용해 빠르게 툴을 선택할 수도 있다.

씬 뷰 내비게이션

지금까지 게임오브젝트를 씬에서 변형하고 이동하는 툴을 알아봤다. 그러나 3D 환경의 유니티는 마우스와 키보드 단축키를 이용해 다양한 각도와 면, 그리고 관점으로 씬을 볼 수 있는 사용하기 쉬운 인터페이스를 제공한다. 씬 뷰의 오른쪽 상단 모서리를 보면 개발 자 필요에 따라 뷰를 회전하는 데 사용되는 씬 기즈모가 있다. 다음 그림에서 씬 기즈모 를 확인할 수 있다.

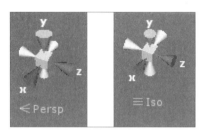

그림 1.12 씬 뷰 내비게이션을 위한 씬 기즈모

씬의 모든 뷰는 투시perspective나 등각투영isometric으로 표시할 수 있다. 이 밖에도 다음 절에 서 설명할 다른 씬 뷰도 있다.

씬 뷰 컨트롤 바

씬 뷰 맨 위에 있는 컨트롤 바를 이용하면 더 수월하게 씬을 탐색할 수 있다. 이 컨트롤 바 에는 기즈모 켜기와 끄기, 사운드, 뷰 모드 선택 등의 기능이 있으며, 그림 1.13에 나오는 2D 모드 버튼이 특히 중요하다.

그림 1.13 씬 뷰의 컨트롤 바

2D 모드 버튼은 토글 버튼이며, 이 버튼을 켜면 뷰의 Z축을 끄고 게임을 2D 투시 모드로 표시한다. 이 버튼은 유니티에서 2D 게임을 제작할 때 많이 사용된다. 컨트롤 바 오른쪽에는 검색을 위한 입력란이 있다. 이 입력란을 이용하면 현재 씬에 속한 게임오브젝트를 신속하게 찾을 수 있다.

게임 뷰

게임 뷰는 씬의 카메라를 통해 렌더링한 결과이며, 게임을 대상 장치로 게시 및 배포했을 때 어떻게 보일지 나타낸다. 이 뷰는 유니티 작업 영역 맨 위에 있는 플레이 모드 내비게이션 바와 연결돼 있다.

그림 1.14 플레이 모드 바

게임이 편집기에서 플레이되면 이 컨트롤 바가 파란색으로 변한다. 유니티는 게임 실행 중에 게임과 코드를 일시중지하고 개발자가 빠른 워크플로를 위해 전체 게임을 다시 컴파일할 필요 없이 실행 시간에 프로퍼티property나 트랜스폼을 변경해 확인할 수 있는 흥미로운 기능을 지원한다.

게임 뷰 컨트롤 바

씬 뷰와 마찬가지로 게임 뷰의 맨 위에도 다음 그림과 같은 컨트롤 바가 있다.

그림 1.15 게임 뷰 컨트롤 바

컨트롤 바 왼쪽의 Free Aspect 드롭다운에서는 게임을 테스트할 화면 해상도를 선택할 수 있다. 제공되는 해상도와 옵션은 현재 플랫폼에 따라 다르며, 대상 장치에 맞는 커스텀 해상도와 스크린 크기를 추가할 수도 있다. 또한 종횡비$^{aspect\ ratio}$를 지정할 수 있으며 동일한 종횡비를 가진 여러 장치에서 게임이 어떻게 실행될지 확인할 수 있다. 유니티의 크로스플랫폼 기능 덕분에 한 번만 코드를 작성하면 대부분의 지원 장치에서 잘 실행되는 게임을 제작할 수 있다.

계층 뷰

계층 뷰는 씬의 게임오브젝트를 선택하거나 조작할 때 가장 먼저 사용할 수 있는 곳이며, 현재 씬에 있는 모든 게임오브젝트의 목록을 보여준다. 이 목록은 트리 구조로 표시되므로 게임오브젝트에 부모 자식 개념을 적용할 수 있다. 그림 1.16은 간단한 계층 뷰를 보여준다.

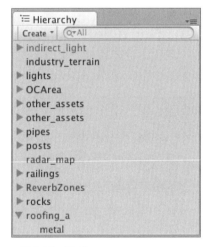

그림 1.16 계층 뷰

프로젝트 브라우저 패널

프로젝트 브라우저 패널에는 파일 디렉터리가 함께 표시되며, 여기에는 현재 게임 프로젝트에 포함되는 모든 파일과 폴더가 나열된다.

그림 1.17은 간단한 프로젝트 브라우저 패널을 보여준다.

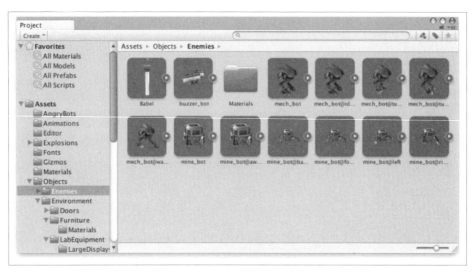

그림 1.17 프로젝트 브라우저 패널

패널의 왼쪽 영역에는 계층형 디렉터리가 표시되며, 나머지 영역에는 유니티에서 에셋이라고 부르는 항목이 표시된다. 유니티는 이러한 파일을 해당 파일 유형을 나타내는 각기다른 아이콘으로 표시한다. 이러한 파일은 스프라이트 이미지, 텍스처, 모델 파일, 사운드등일 수 있다. 검색 입력란을 이용해 특정한 파일을 찾을 수도 있다. 검색 입력란 오른쪽에는 애니메이션 파일, 오디오 클립 파일 등의 필터를 적용할 수 있는 버튼이 있다.

 프로젝트 브라우저 패널의 흥미로운 기능 중 하나는 에셋에 파일이 없는 항목이 있는 경우, 유니티 에셋 스토어를 검색하고 누락된 항목과 일치하는 유·무료 에셋을 찾아준다.

인스펙터 패널

인스펙터Inspector 패널은 유니티를 이용한 개발 작업에서 가장 많이 사용되는 패널이다. 유니티는 게임을 게임오브젝트와 에셋으로 구성한다. 이러한 게임오브젝트는 트랜스폼, 콜라이더, 스크립트, 메시 등의 컴포넌트로 구성된다. 인스펙터 패널에서 각 게임오브젝트의 컴포넌트를 관리할 수 있다.

그림 1.18은 게임오브젝트의 간단한 인스펙터 패널을 보여준다.

그림 1.18 인스펙터 패널

이러한 컴포넌트는 피직스, 메시, 효과, 오디오, 사용자 인터페이스 등 종류가 다양하며, Component 메뉴에서 선택해 현재 게임오브젝트로 추가할 수 있다. 다음 그림은 Component 메뉴를 보여준다.

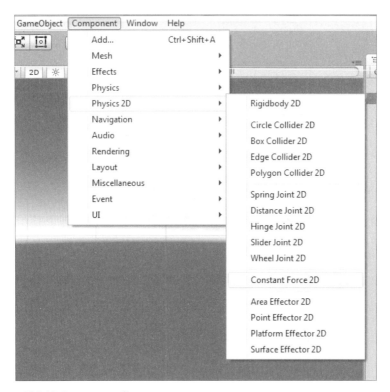

그림 1.19 Component 메뉴

지금까지 유니티에 대한 기본 사항을 살펴봤다. 다음은 게임을 개발할 때 가장 먼저 해야 하는 작업으로 새로운 프로젝트를 만드는 과정을 알아보자. 이제 유니티에서 2D 게임을 제작하기 위한 새 프로젝트를 구성하는 과정을 설명하겠다.

▌ 빈 게임 프로젝트의 구성

게임을 새로 제작하는 첫 번째 단계는 빈 게임 프로젝트를 구성하는 것이다. 2D 게임을 제작할 때 빈 프로젝트를 만들고 초기 환경과 카메라를 설정하는 작업은 상당히 지루할 수 있다. 이 절에서는 2D 게임의 빈 게임 프로젝트를 구성하는 과정을 따라해보자.

 유니티에서 2D 게임을 제작해본 경험이 있는 독자는 이 절을 건너뛰고, 다음 절에서 소개하는 '활기찬 펭귄(Perky Penguin)'의 시작 프로젝트를 바로 사용하면 된다.

유니티 5.6을 실행하면 다음 그림과 비슷한 프로젝트 마법사가 표시된다.

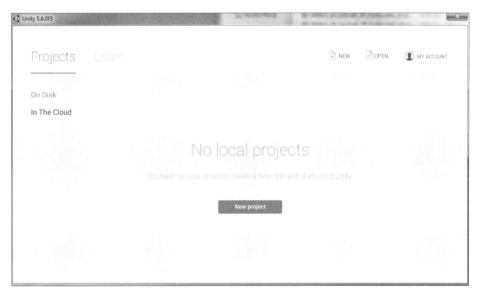

그림 1.20 프로젝트 생성 마법사

유니티 5.6은 세련되고 멋진 사용자 인터페이스를 갖고 있다. 프로젝트 마법사에는 모든 최근 프로젝트와 그 이름의 목록이 표시되며, 가장 최근 프로젝트는 쉽게 알아볼 수 있게 강조 표시된다. 마법사의 오른쪽 상단에는 새로운 프로젝트를 처음부터 만들거나 다른 디렉터리에서 특정 프로젝트를 여는 컨트롤이 있다. Get started 탭에서는 초보 개발자에게 기본 개념을 설명하는 비디오 안내를 제공한다.

새 프로젝트를 만들기 위해 오른쪽 상단의 New project 버튼을 클릭하면 다음 그림과 같은 대화상자가 열린다.

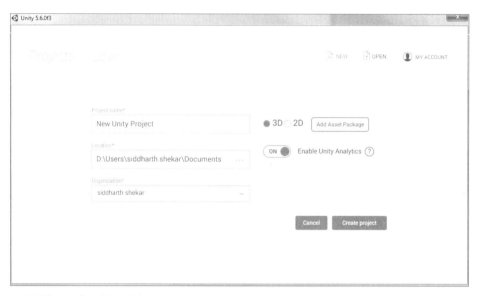

그림 1.21 프로젝트 생성 마법사

Project name과 Location 필드에는 원하는 프로젝트의 이름과 프로젝트를 저장할 위치를 지정한다. 이 마법사에 있는 3D와 2D 옵션은 아주 중요하다.

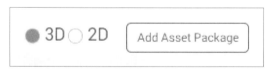

그림 1.22 프로젝트 유형 선택 토글

이 토글 옵션은 프로젝트가 2D인지 또는 3D인지 지정한다. 이 옵션은 프로젝트 자체에 영향을 주지는 않지만, 쉬운 워크플로가 가능하도록 기본 프로젝트 설정을 변경한다. 예를 들어 3D 모드에서는 이미지 에셋을 프로젝트로 가져오면 유니티가 이를 텍스처로 인식하지만, 2D 모드에서는 스프라이트 형식으로 인식한다. 나중에 모드를 변경할 수 있지만 프로젝트를 생성할 때도 적절한 모드를 선택해야 한다. 기본적으로 유니티는 3D 모드로 프로젝트를 생성한다.

프로젝트 생성 마법사에는 2D와 3D 모드 옵션 외에도 **Asset packages...** 버튼이 있다. 에셋 지원은 유니티의 최고 기능 중 하나다. 유니티는 유니티 에셋 스토어(http://assetstore. unity3d.com)에서 개발자가 직접 만든 재사용 가능한 플러그인과 애드온을 배포하고 판매할 수 있게 해준다. 유니티는 바로 사용할 수 있는 여러 무료 에셋을 기본으로 제공한다. 이 버튼을 누르면 다음 그림과 같이 에셋을 새 프로젝트로 가져올 수 있는 대화상자가 표시된다.

그림 1.23 Asset Packages 대화상자

필요한 패키지를 선택하면 해당 패키지를 가져오고 새로운 패키지를 생성한다. 아직은 패키지를 가져올 필요가 없으며 나중에 필요할 때 가져올 수 있다.

프로젝트 이름을 Perky Penguin으로 지정하고 2D 모드를 선택한다. 이제 Create project 버튼을 클릭하면 빈 씬과 프로젝트가 포함된 유니티 인터페이스가 표시된다.

첫 번째 단계는 2D나 3D 모드가 맞게 설정됐는지 확인하는 것이다. 2D 모드를 선택했다면 그림 1.24에 나오는 것처럼 씬 뷰의 컨트롤 바에 2D 토글이 활성화된다.

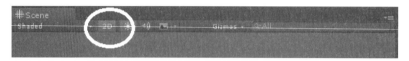

그림 1.24 씬 뷰의 컨트롤 바

편집기 설정에서도 프로젝트가 2D 모드로 설정됐는지 확인해야 한다. 다음 그림과 같이 Edit 메뉴의 Project Settings에서 Editor 옵션을 선택하면 편집기 설정을 볼 수 있다.

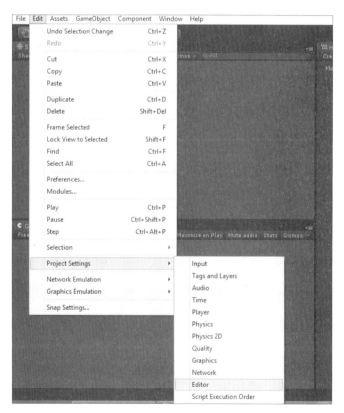

그림 1.25 편집기 설정 메뉴

Editor 옵션을 선택하면 Inspector 패널에서 설정을 볼 수 있다. Default Behavior Mode에서 Mode가 2D로 설정됐는지 확인한다.

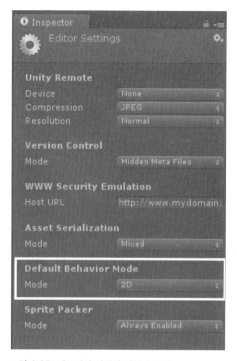

그림 1.26 인스펙터 패널의 편집기 설정

이 설정을 3D로 변경하면 유니티가 이미지를 텍스처로 취급하며 다른 3D 설정을 기본으로 활성화한다. 씬이 2D 모드인지 확인하는 마지막 단계는 카메라 프로퍼티를 확인하는 것이다. 새 프로젝트를 생성하면 빈 씬에 배치되는 카메라 게임오브젝트를 이미 발견했을 수도 있다.

Camera 오브젝트를 선택하면 그림 1.27에서 보듯이 Inspector 패널에 카메라 프로퍼티가 표시된다.

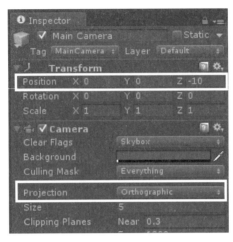

그림 1.27 Main Camera 설정

카메라 위치인 Position은 (0, 0, −10)으로 설정돼 있고, 투영 방법인 Projection은 Orthographic으로 설정돼 있음을 알 수 있다.

 2D 모드에서는 직교 투영을 의미하는 Orthographic을 사용하는 것이 좋다.

직교 투영은 3D 오브젝트를 2D로 나타내는 방법이다. 직교 뷰는 치수에 대한 의사전달이 명확해야 하는 제품 사양 설명에 많이 사용된다. 예를 들어 여러 건물이 포함된 큰 장면을 표현하는 경우 직교 렌더링은 건물의 상대적 크기와 건물 간의 거리를 정확하게 나타낼 수 있다.

프로젝트가 2D 모드인지 확인한 후에는 씬을 저장한다. 유니티 프로젝트의 루트 디렉터리인 Assets에는 프로젝트에 속한 모든 에셋이 저장된다. 이러한 에셋에는 씬, 스크립트, 스프라이트, 모델, 프리팹, 머티리얼 등이 있다. 유니티에서 에셋을 관리하는 전통적이거나 표준적인 방법은 따로 없으며 개발자마다 자신에게 맞는 방법을 사용하면 된다. 이 책에서는 Assets 디렉터리에 리소스 유형별로 별도의 폴더를 만드는 간단한 에셋 관리 방법을 사용한다. 다음 그림은 Assets 폴더의 디렉터리 구조를 보여준다.

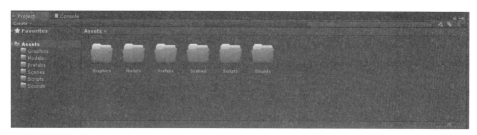

그림 1.28 유니티의 Assets 디렉터리

Assets 디렉터리에 폴더를 만든 다음에는 구성된 카메라가 포함된 비어 있는 씬을 Scenes 디렉터리에 PerkyPenguin_GameplayScene.unity라는 이름으로 저장한다. 씬 파일은 .unity 확장자를 가지며 카메라, 플레이어, 적, 장애물, 환경, 컨트롤 등의 다양한 게임오브젝트를 포함한다. 씬은 게임의 레벨과 비슷하다. 게임은 하나 이상의 씬을 가질 수 있으며, 레벨마다 다른 씬을 만들 필요는 없다. 게임의 씬을 최종 패키지에 넣어 배포하려면 빌드 설정에 해당 씬을 추가해야 한다. 배포에 대해서는 8장에서 자세히 다룬다.

썬을 저장한 다음에는 게임을 테스트하기 위한 게임 뷰를 구성하면 빈 프로젝트를 구성하는 과정이 모두 끝난다. 이 책은 안드로이드 게임 개발을 다루므로 프로젝트 대상을 안드로이드 장치로 설정해야 한다. 기본 대상 플랫폼은 PC, 아이맥과 리눅스 독립형으로 설정돼 있다. 이 설정을 보려면 다음 그림과 같이 File 메뉴에서 Build Settings 항목을 선택한다.

그림 1.29 File 메뉴의 Build Settings 항목

이 메뉴 항목을 선택하면 다음 그림과 같이 게임 빌드 대상을 설정하고, 게임에 포함할 씬을 선택할 수 있는 대화상자가 열린다.

그림 1.30 Build Settings 대화상자

Platform 목록에서 Android를 선택하고 Switch Platform 버튼을 클릭하면 프로젝트의 대상 장치가 안드로이드 장치로 변경된다. 대상 플랫폼을 변경해도 별다른 차이를 느끼기 어려울 수 있는데, 변경을 확인하는 가장 쉬운 방법은 게임 뷰의 해상도 목록을 보는 것이다. 다음 그림에서 보듯이 게임 뷰의 컨트롤 바에 있는 Free Aspect 옵션을 클릭한다.

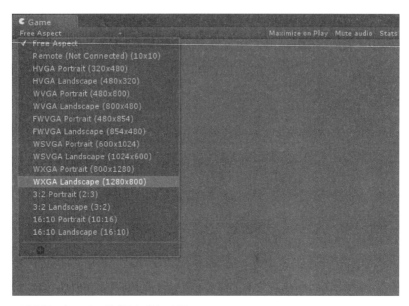

그림 1.31 안드로이드 플랫폼의 해상도 목록

모든 안드로이드 장치에서 실행되는 게임 빌드를 생성하려면 뷰포트 구현을 위한 기본 대상 크기를 선택해야 한다. 여기에서는 대상 장치로 가로landscape 모드의 1280×800 해상도를 선택했다. 다중 해상도를 지원하는 방법은 8장에서 자세히 다룬다.

해상도 목록 아래에 있는 작은 더하기 버튼을 선택하면 사용자 지정 해상도를 추가할 수 있다. 그러면 다음 그림과 같이 원하는 해상도의 이름과 픽셀 단위 또는 종횡비를 지정할 수 있는 대화상자가 표시된다.

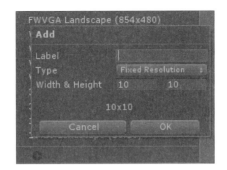

그림 1.32 게임 뷰에서 사용자 지정 해상도 추가

지금까지 프로젝트를 2D 모드로 설정하고 대상 플랫폼을 원하는 해상도의 안드로이드 장치로 설정했다. 이제 카메라를 대상 해상도에 맞게 구성하는 과정이 남아 있다. Inspector 패널에서 Main Camera를 선택하고 Camera 컴포넌트의 Size를 3.2로 설정한다.

그림 1.33 카메라 크기

지금까지 초기 디렉터리 구조와 2D 게임용 카메라가 들어 있는 비어 있는 씬을 포함하는 2D 유니티 게임 프로젝트의 토대를 만들었다. 다음 절에서는 1장에서 '활기찬 펭귄'이라는 게임을 소개하고, 이 게임을 처음부터 만드는 방법을 설명한다.

▌ 활기찬 펭귄 게임

여기에서는 1장과 '2장 활기찬 펭귄 2D 게임 마무리'에서 만들 게임에 대해 소개한다. 우리가 만들 게임의 이름은 활기찬 펭귄Perky Penguin이며 제트팩 조이라이드 기반 게임이다. 다음 그림은 1장을 완료한 상태의 게임 실행 화면이다.

그림 1.34 활기찬 펭귄 게임 플레이

활기찬 펭귄은 제트팩 조이라이드에서 영감을 받은 게임이다. 제트팩 조이라이드는 2011년 하프브릭 스튜디오Halfbrick Studio에서 출시한 횡스크롤 무한 달리기side-scrolling endless runner 액션 비디오 게임으로, 앱스토어에서 iOS용으로 처음 출시된 후 페이스북, 안드로이드, 플래시, 플레이스테이션, 블랙베리, 윈도우 폰 등 다양한 시스템으로 이식됐다.

 제트팩 조이라이드 게임은 개발 중에 머신건 제트팩(Machine Gun Jetpack)으로 불렸다.

이 책에서 횡스크롤 달리기 게임을 만드는 이유는 유니티에서 2D 게임을 처음부터 만드는 방법을 살펴보기 위해서다. 제트백 조이라이드 게임은 횡스크롤, 시차 스크롤, 스프라이트 시트, 점프, 임의 장애물 생성, 적 생성, 적 인공지능, 파티클 시스템, 애니메이션처럼 대부분의 2D 게임에서 구현해야 하는 거의 모든 기본 기능을 포함한다.

활기찬 펭귄 게임 플레이

이 게임의 주인공은 아주 활기찬 남극의 펭귄이다. 지구 온난화 시대의 심각한 상황에서 남극의 빙산 위를 달리기 위해 주인공 펭귄은 제트팩을 사용하기로 결심한다. 이 게임은 플레이어가 터치스크린의 아무 위치를 터치하면 제트팩을 가동해 펭귄이 공중으로 떠오르는 아주 간단한 원터치 시스템을 사용한다. 플레이어가 터치를 안 하면 제트팩이 꺼지고 펭귄이 떨어진다. 이 게임은 플레이어가 펭귄의 속도를 조정할 필요 없이 계속 자동으로 횡스크롤하며, 플레이어는 제트팩을 켜거나 끄는 방법으로 펭귄의 상하 이동만 조종할 수 있다.

이 게임의 목표는 다양한 장애물을 피하면서 최대한 멀리 달리고, 생선 동전을 많이 모으는 것이다.

다음 절에서 활기찬 펭귄 게임의 개발을 시작해보겠다. 먼저 이 게임의 플레이어 캐릭터인 펭귄을 추가해보자.

▌ 펭귄 추가

여기에서는 게임에 펭귄 플레이어를 추가한 후 펭귄을 위한 스크립트를 작성하고, 물리를 적용하며 콜라이더를 추가해 펭귄이 살아남을 수 있게 만드는 방법을 알아본다.

펭귄 스프라이트 가져오기

가장 먼저 플레이어 스프라이트나 이미지가 필요하다. 활기찬 펭귄 게임에서는 게임에 사용할 펭귄 스프라이트를 미리 준비했다. 다음 그림은 게임에서 플레이어 스프라이트로 사용할 펭귄 이미지를 보여준다.

그림 1.35 펭귄 스프라이트

이미지를 유니티로 가져오려면 다음 그림과 같이 Project Browser 패널에서 Graphics 폴더를 마우스 오른쪽 버튼으로 클릭하고 Import New Asset... 항목을 선택한다.

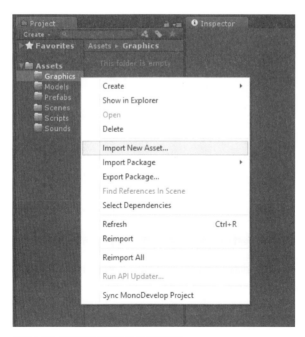

그림 1.36 유니티에 새로운 에셋 가져오기

이런 에셋은 이미지, 오디오 파일, 3D 모델, 텍스처, 머티리얼, 스크립트 등 유니티가 지원하는 모든 형식일 수 있다.

 탐색기에서 이미지 파일을 유니티의 프로젝트 브라우저 패널로 드래그하는 방법으로 에셋을 가져올 수도 있다.

유니티는 이미지를 깔끔한 미리보기로 보여준다. 유니티는 프로젝트가 2D 모드일 경우 이미지를 스프라이트로 보여주며, 3D 모드에서는 텍스처로 보여준다. 그림 1.37에서 이런 두 가지 경우를 볼 수 있다. 이 그림은 이미지를 스프라이트로 가져온 경우와 텍스처로 가져온 경우를 보여준다.

그림 1.37 스프라이트로 가져온 이미지(왼쪽)와 텍스처로 가져온 이미지(오른쪽)

펭귄 이미지를 텍스처로 가져왔더라도 걱정할 필요는 없다. 다음 그림과 같이 Project Browser 패널에서 해당 이미지를 선택하고 Inspector 패널에서 Texture Type을 Sprite로 변경한 다음 Apply를 클릭하면 된다.

그림 1.38 인스펙터 패널에서 이미지의 텍스트 형식 변경하기

펭귄 게임오브젝트 만들기

에셋을 가져온 다음에는 플레이어 게임오브젝트를 만들어야 한다. 일반적으로 게임오브젝트를 만들 때는 다음 그림처럼 Hierarchy를 마우스 오른쪽 버튼으로 클릭하고 Create Empty 항목을 선택해 빈 게임오브젝트를 먼저 만든다.

그림 1.39 빈 게임오브젝트 만들기

그러나 미리 가져온 스프라이트를 사용해 게임오브젝트를 만들 때는 스프라이트를 Project Browser 패널에서 Hierarchy, 또는 Scene View 패널로 드래그하면 해당 스프라이트의 이미지 파일 이름(예: penguin_fly.png)으로 게임오브젝트가 생성된다. 다음 그림을 참고한다.

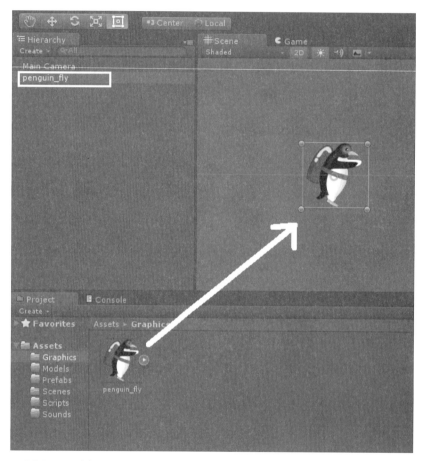

그림 1.40 스프라이트 게임오브젝트 만들기

다음은 Hierarchy에서 penguin_fly 게임오브젝트를 게임에 사용할 수 있게 수정할 차례다. penguin_fly 게임오브젝트를 선택하고 Inspector 패널에서 다음과 같이 수정한다.

1. 게임오브젝트 이름을 penguin으로 변경한다.

2. Position 값을 (0, 0, 0)으로 변경한다.

Transform				
Position	X 0	Y 0	Z 0	
Rotation	X 0	Y 0	Z 0	
Scale	X 1	Y 1	Z 1	

3. 펭귄에 콜라이더를 추가하기 위해 Inspector에서 Add Component를 클릭하고 다음 그림과 같이 Physics2D 메뉴에서 Circle Collider 2D 항목을 선택한다. 콜라이더에 대한 자세한 내용은 https://docs.unity3d.com/ScriptReference/Collider.html에서 볼 수 있다.

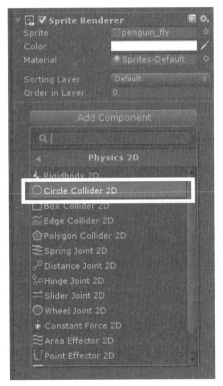

그림 1.41 서클 콜라이더 2D 추가

4. Circle Collider 2D의 Radius 값을 0.6으로 설정한다.

5. 펭귄이 실제 물체처럼 움직이게 하려면 여기에 리지드바디 컴포넌트를 추가해야 한다. 이를 위해 Inspector 패널에서 Add Component를 클릭하고 Physics2D에서 Rigidbody 2D를 선택한다.

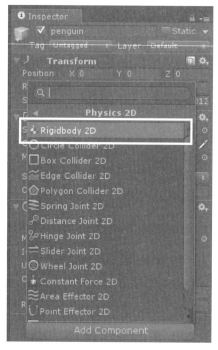

그림 1.42 Rigidbody 2D 추가

6. 펭귄이 점프하거나 떨어질 때 물리 역학에 의해 회전하지 않게 Fixed Angle 옵션을 선택한다.

다음 그림에 펭귄 게임오브젝트를 설정하는 모든 단계가 나온다.

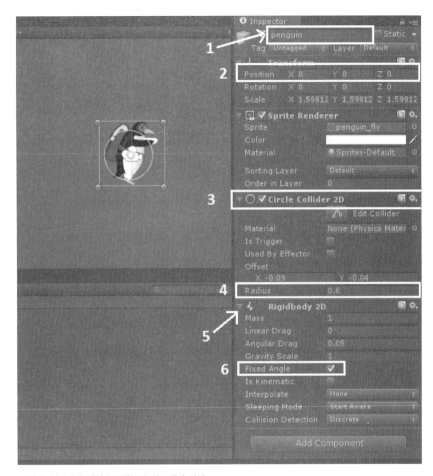

그림 1.43 펭귄 게임오브젝트의 인스펙터 설정

일단은 테스트를 위해 위치를 모두 0으로 설정했다. 이 값은 나중에 펭귄을 초기 위치로 배치할 때 변경한다. 스프라이트를 Project Browser 패널에서 드래그해 게임오브젝트를 만들었기 때문에 Sprite Renderer 컴포넌트가 이미 펭귄 게임오브젝트에 추가됐다. Sprite Renderer는 게임오브젝트가 스프라이트의 이미지를 화면에 표시할 수 있게 해준다. 게임 오브젝트가 물리 충돌에 반응하고, 다른 오브젝트와 충돌할 수 있게 하려면 콜라이더 컴

포넌트를 게임오브젝트에 추가해야 한다. 이 사례에서는 Circle Collider 2D를 펭귄 오브젝트에 추가했다. 목록에서 원하는 콜라이더를 선택할 수 있지만, 전체 충돌 영역을 모두 채울 수 있으면서도 가급적 작은 콜라이더를 선택하는 방법이 좋다. 다음 그림은 펭귄 오브젝트에 여러 콜라이더를 적용한 예를 보여준다.

그림 1.44 여러 콜라이더를 적용한 펭귄

폴리곤polygon 콜라이더 2D처럼 복잡한 콜라이더를 사용하면 물리 엔진이 충돌을 감지하기 위해 계산을 더 많이 해야 하므로 성능이 저하된다. 마지막으로 펭귄에 중력을 적용하기 위해 Rigidbody 2D 컴포넌트를 추가했다. Rigidbody 2D는 게임오브젝트가 중력, 마찰, 물리 운동학 등의 영향을 받고 적절히 반응하게 해준다. 앞에서 Rigidbody 2D의 Fixed Angle 옵션을 켰는데 이 옵션을 끄면 바람, 마찰, 중력 등에 의해 펭귄 스프라이트가 회전할 수 있다. 즉 펭귄이 점프하는 동안 회전하지 않게 하려면 Fixed Angle를 켜야 한다.

 Physics 컴포넌트와 Physics2D 컴포넌트는 기능과 용도가 매우 다르다. 게임오브젝트에 이러한 물리 컴포넌트를 적용할 때는 올바른 기능을 사용하도록 주의해야 한다.

프로젝트를 실행하면 펭귄이 아래쪽으로 떨어지는 모습을 볼 수 있다. 이것은 펭귄이 중력의 영향을 받기 때문이다. Gravity Scale 값은 기본적으로 1이며 펭귄의 중력을 결정한다. Rigidbody 2D 컴포넌트를 제거하거나 끄면 펭귄이 움직이지 않는다. 즉 리지드바디가 없는 게임오브젝트에는 외부의 힘이나 충돌이 적용되지 않는다.

펭귄 오브젝트에 스크립트 동작 추가

지금까지 물리 컴포넌트를 설정하고 펭귄 오브젝트를 배치했다. 다음은 펭귄의 행동을 논리적으로 정의할 차례다. 이 게임에서는 사용자가 화면을 터치하면 펭귄이 제트팩을 켜서 올라가며, 터치를 끝내면 아래로 떨어진다. 유니티에서 이러한 종류의 논리는 스크립트를 통해 정의한다. 유니티는 C#과 자바스크립트의 두 가지 스크립트를 지원하며, 동일한 프로젝트 안에서 일부 파일에는 C#을 사용하고, 나머지 파일에는 자바스크립트를 사용하는 방법도 가능하다. 이 책에서는 모든 스크립트를 C#을 이용해 작성한다.

1. 다음 그림과 같이 Scripts 폴더를 마우스 오른쪽 버튼으로 클릭하고 **Create** 메뉴에서 **C# Script** 항목을 선택해 Assets의 Scripts 폴더에 C# 스크립트 파일을 만드는 것으로 시작한다.

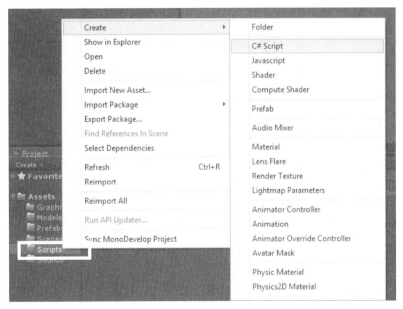

그림 1.45 C# 스크립트 추가

2. 스크립트 파일의 이름을 PenguinController.cs로 지정하고 파일을 열면 유니티
의 기본 코드 편집기인 모노디벨롭^{Monodevelop}이 시작되고 다음 그림처럼 방금 만
든 스크립트 파일을 보여준다.

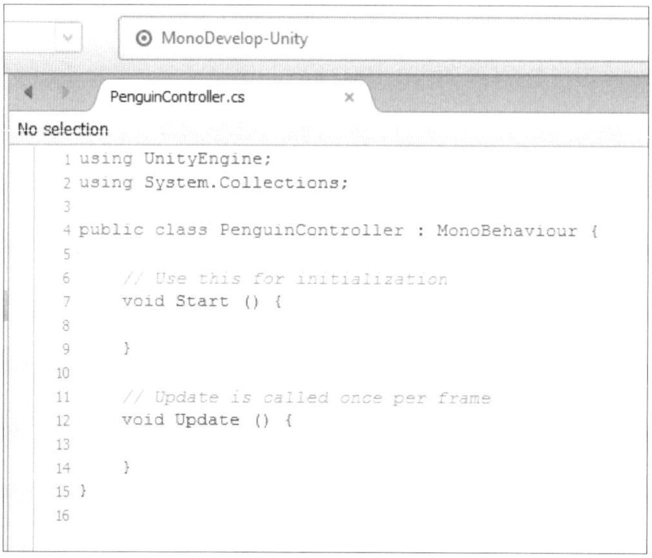

```
  MonoDevelop-Unity

  PenguinController.cs                    ×
No selection
 1 using UnityEngine;
 2 using System.Collections;
 3
 4 public class PenguinController : MonoBehaviour {
 5
 6     // Use this for initialization
 7     void Start () {
 8
 9     }
10
11     // Update is called once per frame
12     void Update () {
13
14     }
15 }
16
```

그림 1.46 모노디벨롭에서 편집 중인 C# 스크립트 파일

3. 파일에 약간의 코드가 들어 있음을 알 수 있다. 이 기본 코드에 대해서는 조금 뒤에 알아보겠다. 그런데 지금 만든 스크립트는 아직 펭귄 오브젝트나 게임 자체에 연결되지 않았다. 이 스크립트를 펭귄 오브젝트에 적용하려면 펭귄 게임오브젝트를 선택하고 Inspector 패널에서 Add Component를 클릭한 다음 Scripts 메뉴에서 PenguinController.cs를 선택한다.

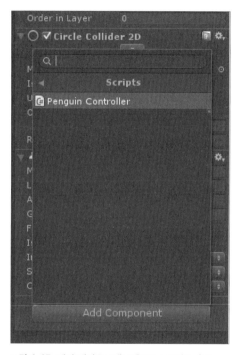

그림 1.47 펭귄 게임오브젝트에 C# 스크립트 추가

ℹ️ 계층 뷰에서 스크립트 파일을 게임오브젝트로 드래그하는 방법으로 스크립트를 연결할 수도 있다.

이제 스크립트를 펭귄 게임오브젝트에 적용했으므로 펭귄이 날 수 있도록 코드를 작성해보자. 프로젝트 브라우저 패널에서 PenguinController.cs 파일을 더블 클릭해 모노디벨롭에서 해당 파일을 연다. 다음 그림에서 보듯이 약간의 코드가 이미 파일에 들어 있다.

```
1  using UnityEngine;
2  using System.Collections;
3
4  public class PenguinController : MonoBehaviour {
5
6      // Use this for initialization
7      void Start () {
8
9      }
10
11      // Update is called once per frame
12      void Update () {
13
14      }
15  }
16
```

4. PenguinController 클래스는 MonoBehaviour 클래스를 상속한다. 씬에 포함되는 모든 게임오브젝트의 스크립트는 MonoBehaviour 클래스여야 하는데, 이를 위해 이 클래스를 상속하는 방법을 쓴다. MonoBehaviour 클래스는 오브젝트 생성, 활성화, 삭제 같은 수명 주기에 원하는 작업을 하기 위한 기본 기능을 제공한다. 또한 마우스 버튼 누르기나 버튼 놓기 같은 기본 상호작용에 대한 기능도 제공한다. 현재는 Start( )와 Update( )의 두 메서드가 들어 있다. Start( ) 메서드는 런타임에 게임오브젝트가 씬에서 처음 활성화될 때 호출되며, Update( ) 메서드는 게임오브젝트가 활성화돼 있을 때 프레임마다 호출된다.

ⓘ 비주얼 스튜디오 유니티 툴을 설치하고 UnityVS 패키지를 프로젝트로 가져오면 유니티에서 C# 스크립트를 편집하는데 비주얼 스튜디오 2012를 사용할 수 있다.

5. 이제 펭귄을 움직일 논리를 작성해보자. 우선 다음과 같이 클래스에 `jetpackForce`
변수를 만드는 것으로 시작한다.

```
public float jetpackForce = 75.0f;
```

6. 초기값을 75로 지정하고 f 문자를 붙여 부동소수점으로 지정했다. 유니티에서
는 클래스의 모든 `public` 필드가 게임오브젝트의 인스펙터 컴포넌트에 표시되
며 편집기에서 코드 파일을 열고 편집할 필요 없이 해당 필드에 곧바로 값을 수정
할 수 있다. 다음과 같이 인스펙터 패널에 `jetpackForce` 변수 필드가 표시된다.

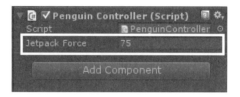

그림 1.48 인스펙터 패널의 jetpackForce 필드

7. 다음은 사용자가 화면을 터치할 때 이 `jetpackForce`의 값을 펭귄에 적용해보
자. 터치를 감지하려면 `Input.GetButton()` 메서드를 사용해야 한다. 그런데 이
메서드는 `MonoBehaviour` 클래스의 `Update()`나 `FixedUpdate()` 메서드 안에서
사용하는 것이 좋다. `FixedUpdate()` 메서드는 모든 프레임이 아니라 모든 고
정 프레임마다 호출된다. 즉 게임의 초당 프레임 수^{FPS}가 60일 경우 씬의 변경
횟수와 무관하게 `FixedUpdate()`가 초당 60번 호출된다. 반면 `Update()` 함수
는 이러한 규칙에 얽매이지 않고 씬이 변경될 때마다 호출된다. 리지드바디를
조작할 때는 프레임 속도에 맞게 일정하게 해야 하므로, 리지드바디 2D를 사
용하는 펭귄에는 `Update()`보다 `FixedUpdate()` 메서드를 사용하는 편이 좋다.
PenguinController.cs 스크립트에는 `FixedUpdate()` 메서드가 없으므로 다음과
같은 코드를 클래스에 추가한다.

```
void FixedUpdate()
{
    bool jetpackkActive = Input.GetButton ("Fire1);
    if (jetpackActive = true) {
        this.GetComponent<Rigidbody2D>().AddForce(new Vector2(0,
        jetpackForce));
    }
}
```

8. 여기에 어려운 내용은 없으며, 간단하게 Fire1 버튼의 입력을 폴링^{polling}한다. Fire1
   버튼은 PC, 리눅스, 맥에서 왼쪽 버튼 클릭에 해당하며 안드로이드와 아이폰 등
   의 터치 장치에서는 터치에 해당한다. 사용자가 화면을 터치하면 GetButton()이
   true 값을 반환하며, 결과적으로 스크립트가 jetpackForce 값을 y 방향으로 전
   달하고 Rigidbody 2D 컴포넌트의 AddForce() 메서드를 호출한다.

   완성된 PenguinController.cs 파일은 다음과 같다.

```
1 using UnityEngine;
2 using System.Collections;
3
4 public class PenguinController : MonoBehaviour {
5
6     public float jetpackForce = 75.0f;
7
8     // Use this for initialization
9     void Start () {
10
11    }
12
13    // Update is called once per frame
14    void Update () {
15
16    }
17
18    void FixedUpdate()
19    {
20        bool jetpackActive = Input.GetButton ("Fire1");
21        if (jetpackActive == true) {
22            this.GetComponent<Rigidbody2D>().AddForce(new Vector2(0, jetpackForce));
23        }
24    }
25 }
```

9. 이제 게임을 실행하면 펭귄이 아래로 떨어지기 시작하며, 화면을 터치하면 다시 위로 올라가다가 다시 떨어지기 시작한다. 클릭하는 빈도가 높을수록 펭귄이 더 높게 올라가며, 2~3번 정도 클릭하면 화면을 벗어나 아주 빠른 속도로 떨어진다. 이 속도를 조정하려면 다음의 왼쪽 그림처럼 펭귄 오브젝트의 리지드바디 2D 컴포넌트에서 Gravity Scale 값을 낮추거나, 오른쪽 그림처럼 Physics2D 설정의 Gravity 값을 낮추면 된다.

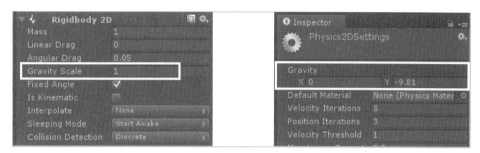

그림 1.49 Rigidbody 2D의 Gravity Scale 값(왼쪽)과 Physics2D의 Gravity 값(오른쪽)

이 사례에서는 Physics2D **설정**의 Gravity 값을 −15로 변경하자. Edit > Project Settings > Physics2D 메뉴에서 Physics2D 설정을 열 수 있다.

이제 게임을 실행하면 펭귄이 전보다 느리게 떨어지는 모습을 볼 수 있다. 그런데 너무 빨리 클릭하면 펭귄이 화면 밖으로 나가는 현상이 생긴다. 실제 게임에서는 이러한 현상이 발생하지 않게 해야 한다. 다음 절에서는 펭귄의 이동 범위를 화면의 경계선으로 제한하기 위해 게임에 바닥과 천장을 추가해보자.

펭귄의 이동 범위를 화면 경계선으로 제한

바닥과 천장을 추가하기는 아주 간단하다. 우선 빈 게임오브젝트를 만들어야 한다. 이번에는 단순하게 화면에 표시할 필요가 없는 경계선이 필요하므로 다른 이미지나 스프라이트 에셋을 씬으로 가져올 필요가 없다. 먼저 바닥 오브젝트를 만들어보자.

- GameObject ➤ Create Empty 메뉴를 선택해 빈 게임오브젝트를 만든다.
- Hierarchy 패널에서 새로 만든 게임오브젝트를 선택한다.
- 이름을 floor로 변경한다.

위치를 나타내는 Position 값을 (0, −3.25, 0)으로 설정한다.

- 비율을 나타내는 Scale 값을 (14.4, 1, 1)로 설정한다.
- Add Component를 클릭하고 Physics2D ➤ Box Collider 2D 옵션을 선택해 박스 콜라이더 2D 컴포넌트를 추가한다.

화면 아래쪽에 녹색 사각형을 볼 수 있는데, 이것이 바닥 게임오브젝트의 박스 콜라이더이며, 게임을 실행하면 펭귄이 화면 바깥으로 나가지 못하게 막는 역할을 한다.

 바닥 게임오브젝트는 중력에 의해 아래로 떨어질 필요가 없으므로 리지드바디 2D 컴포넌트가 필요 없다.

바닥 게임오브젝트를 만들 때와 비슷한 방법으로, ceiling이라는 이름과 (0, 3.25, 0)의 위치, (14.4, 1, 1) 비율로 천장 게임오브젝트를 추가한다. 천장 오브젝트에 리지드바디 2D 컴포넌트를 추가하고 프로젝트를 실행해본다. 이제 펭귄이 화면을 벗어나지 않으며 화면의 위아래 경계선 안에서만 움직이는 모습을 확인할 수 있다.

▌ 요약

1장에서는 먼저 안드로이드를 소개하고 안드로이드의 다양한 버전에 대해 살펴봤다. 이어서 안드로이드 장치용 게임을 제작할 수 있는 유니티3D, 언리얼 엔진, 게임 메이커 스튜디오, 어도비 플래시 등의 여러 게임 엔진에 대해 살펴봤다. 또한 유니티의 중요한 기능과 유니티 개발 환경의 기본 사항을 배웠다. 이어서 2D 게임을 제작하기 위한 바탕으로 사용할 새로운 게임 프로젝트를 단계적으로 구성했다. 이 책에서 개발할 첫 번째 게임 예제인 '활기찬 펭귄'이라는 게임을 소개했고, 여기에 펭귄 오브젝트를 추가하고 기본적인 비행과 낙하 기능을 구현했다.

2장에서는 활기찬 펭귄 게임을 완성하면서 파티클 시스템, 애니메이션, 적 캐릭터 등을 구현하는 방법을 알아본다.

02

활기찬 펭귄 2D 게임 마무리

1장은 유니티와 게임 개발에 관심이 있는 초보 개발자를 위한 내용이었다. 이 책의 목적이 안드로이드 플랫폼용 게임 개발이므로 안드로이드 플랫폼의 여러 버전과 해당 시장인 구글 플레이를 소개했다. 그 다음에는 게임 엔진의 기본 개념을 살펴보고 언리얼, 어도비 플래시, 게임 메이커 스튜디오 등의 주요 게임 엔진과 유니티 3D를 비교해 살펴봤다. 이어 유니티의 게임 개발 환경을 구성하는 인스펙터와 계층 패널을 비롯한 여러 패널과 씬과 게임 뷰를 비롯한 여러 뷰와 이러한 인터페이스 간의 상호작용 방법을 알아봤다.

2장에서 다룰 주제는 다음과 같다.

- 게임에 파티클^{particle} 시스템 추가
- 카메라 관리
- 프리팹과 레벨 관리
- 게임에 레이저와 적 캐릭터 추가

1장에서는 안드로이드 플랫폼을 위한 유니티 게임 개발의 기본적인 이론을 먼저 소개한 다음, 2D 게임 프로젝트에 사용할 빈 게임 프로젝트를 단계적으로 구성했다. 빈 프로젝트의 구성은 게임을 개발할 때 거쳐야 할 첫 번째 단계다. 1장에서는 또한 이 책에서 사용할 게임 예제로 활발한 펭귄이라는 2D 게임을 소개했다. 다음 그림은 이 게임의 실행 화면이다.

그림 2.1 활기찬 펭귄 게임

플레이어 캐릭터로 사용할 펭귄 게임오브젝트를 유니티에 추가하고 콜라이더와 물리 컴포넌트를 적용하는 방법을 알아봤다. 또한 유니티가 지원하는 C#이나 자바스크립트 언어를 이용해 펭귄이 사용자의 터치에 반응해 점프하거나 화면 밖으로 벗어나지 않게 하는

등의 맞춤형 동작을 구현하는 방법을 배웠다. 1장을 마치면 펭귄이 점프하는 기본적인 게임 틀이 완성된다.

 유니티의 2D 개념에 익숙하거나 이미 2D 게임을 만들어본 경험이 있다면 2장을 건너뛰고 3D 게임에 대한 내용을 시작해도 된다.

2장에서는 유니티 2D의 다른 고급 개념인 파티클 효과, 카메라 관리, 레벨 생성, 애니메이션과 컨트롤러를 사용해 활발한 펭귄 게임을 완성한다. 현재 펭귄은 점프해서 위로 날 수는 있지만 앞으로 이동하거나 게임 세계를 탐험하지는 못한다. 물론 실제로 펭귄은 날지 못하지만 이 게임에서는 펭귄의 등에 장착한 빨간색 로켓을 가동해 잠시 동안 하늘을 날 수 있다. 이 로켓을 가동하려면 안드로이드 장치에서 화면을 탭하면 된다.

다음 절에서는 게임에 파티클 효과를 추가해 생동감을 높여보자.

▌ 파티클 시스템 추가

파티클 시스템에 대한 자세한 내용으로 들어가기 전에 파티클이 무엇이고 어떻게 사용하는지 알아보자. 먼저 파티클 시스템이 무엇인지 알아보자.

파티클 시스템이란?

복잡한 3D 게임에서는 캐릭터, 소품, 환경 등의 요소 대부분을 3D 메시와 모델로 만들지만, 2D 게임에서는 스프라이트와 이미지를 많이 사용한다. 지금까지 사용한 오브젝트는 모양이 확실하게 정의된 오브젝트였다. 그런데 모든 게임에는 액체, 연기, 구름, 불꽃, 매직볼 같이 형상이 명확하지 않은 물체가 필요하다. 유니티에서는 이러한 특수한 종류의 물체와 애니메이션을 파티클 시스템이라는 기능을 통해 지원한다.

다음 그림은 유니티에서 파티클 시스템으로 만든 몇 가지 흥미로운 마법 효과다.

그림 2.2 유니티의 파티클 시스템으로 만든 여러 가지 마법 효과

파티클은 파티클 시스템이라는 완전한 기능의 시스템에 의해 많은 양으로 표시되고 애니메이션되는, 작고 간단한 이미지 또는 메시mesh를 말한다. 파티클 시스템에서 각각의 작은 파티클은 작은 역할을 수행하지만, 전체적으로는 정교하고 다듬어진 애니메이션이나 효과를 완성한다. 예를 들어 눈이 내리는 효과를 파티클 시스템으로 만들 수 있다. 눈송이 하나를 따로 애니메이션하면 그다지 눈이 내리는 것처럼 보이지 않지만, 많은 수의 눈송이를 임의의 속도와 방향, 크기로 렌더링하면 게임 안에서 눈이 내리는 것처럼 보인다. 이와 같이 아주 간단하고 최적화된 방식으로 일괄 처리를 수행함으로써 게임의 아름다운 효과를 만드는 것이 유니티의 파티클 시스템이 가진 강력한 기능이다.

파티클 시스템의 기본

유니티에서 파티클 시스템은 모든 파티클로 구성된다. 개발자는 파티클만 관리할 수 있고 나머지 모든 사항은 유니티가 처리한다. 각 파티클은 점차 녹아버리는 강설 효과나 점차 커지며 사라지는 연기 효과 같은 여러 가지 변화를 거치는 미리 정해진 수명 주기를 가진다. 이러한 파티클도 다른 게임오브젝트와 마찬가지로 수명 기간 동안 속도와 방향을 변화시키는 가속도가 있으며, 환경의 물리 키네마틱에 의해 적용되는 힘과 중력의 영향을 받는다.

개발자의 역할은 파티클이 얼마나 오래 지속될지, 수명 기간 동안 점차 커질지, 아니면 작아질지, 수명 기간 동안 점차 사라질지 같은 파티클의 수명과 동작을 관리하고 제어하는 것이다. 개발자가 이러한 모든 질문에 답하면 유니티는 멋진 파티클 시스템으로 노력에 보답한다.

 파티클은 흰색 원처럼 간단한 것부터 고해상도 텍스처와 노멀 맵이 적용된 메시 같이 복잡한 모양까지 어떤 것이든 될 수 있다.

파티클 시스템의 역할은 모든 파티클을 추상화된 관점으로 관리하는 것이다. 즉 다음 파티클을 생성할 시점과 위치, 각도, 비율은 물론 파티클의 방출 형태(예: 반구, 코드, 박스)와 파티클이 방출되는 속도, 파티클 효과가 시스템의 한 주기를 실행하는데 걸리는 시간 등을 지정한다.

로켓 화염 효과 만들기

지금까지 유니티의 파티클 시스템에 대한 기본적인 이론을 배웠다. 다음은 배운 내용을 바탕으로 활기찬 펭귄의 첫 번째 파티클 시스템을 만들어보자. 이 게임의 주인공 펭귄은 등에 제트팩을 메고 있으며, 플레이어가 화면을 탭할 때마다 이 제트팩을 가동해 하늘을 난다. 여기에서는 제트팩에서 발사되는 화염 효과를 만들어보자. 다음 그림은 파티클 시스템을 이용해 완성한 로켓 화염 효과를 보여준다.

그림 2.3 로켓의 화염 효과

이 그림에서 볼 수 있듯이 제트팩의 화염 효과는 추진부에서 시작돼 뒤로 갈수록 점차 사라진다. 이제 1장에서 준비한 게임 프로젝트에 로켓 화염 효과를 추가해보자.

먼저 다음 그림과 같이 GameObject ➤ Particle System 메뉴 항목을 선택해 파티클 시스템을 추가한다.

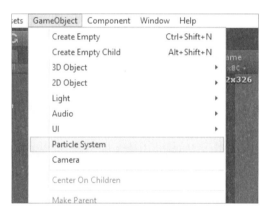

그림 2.4 파티클 시스템 게임오브젝트 생성

그러면 Hierarchy 패널에 Particle System이라는 이름의 게임오브젝트가 즉시 추가된다. 그런데 생성된 게임오브젝트를 씬 뷰에서 선택하면 흰색의 원이 바깥쪽으로 발산되는 이상한 효과를 확인할 수 있다. 그림 2.5는 씬 뷰에서 보이는 흰색 원의 사례를 보여준다.

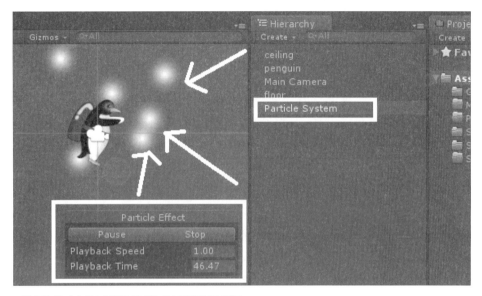

그림 2.5 유니티에서 선택한 파티클 시스템 게임오브젝트

여기에서 볼 수 있듯이 파티클 시스템 게임오브젝트를 새로 만들고 선택하면 흰색의 원을 발산하는 파티클 시스템이 플레이된다. 일시중지, 중단, 플레이 속도, 플레이 시간 등의 제어를 포함하는 작은 컨트롤 패널이 씬에 표시된다. 다른 게임오브젝트를 선택하거나 파티클 시스템의 선택을 해제하면 파티클 시스템 플레이가 자동으로 중단된다.

 유니티의 파티클 시스템이 가진 장점 중 하나는 효과를 확인하기 위해 게임을 실행할 필요가 없다는 점이다. 씬 뷰에서 파티클 시스템을 선택하면 곧바로 효과가 플레이된다.

파티클 시스템을 선택하고 Inspector 패널을 보면, 다음 그림처럼 해당 게임오브젝트의 파티클 시스템 컴포넌트에 아주 많은 수의 프로퍼티가 포함된 것을 알 수 있다.

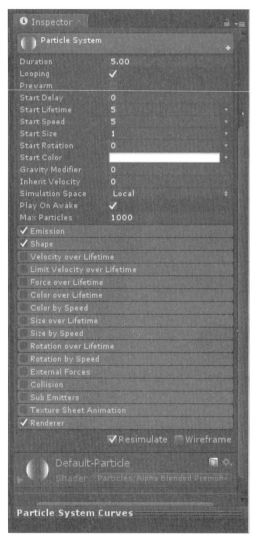

그림 2.6 인스펙터 패널의 파티클 시스템 컴포넌트

유니티의 파티클 시스템이 제공하는 거의 모든 기능이 파티클 시스템 컴포넌트를 통해 제공되며, 많은 수의 프로퍼티를 조정해 설정할 수 있다. Inspector 패널에서 파티클 시스템 컴포넌트의 이러한 프로퍼티 값을 세부적으로 조정함으로써 눈이 내리는 효과를 불타는 화염 효과로 바꾸거나, 비행기 슈팅 게임의 폭발 효과는 물론 롤플레잉 게임의 마법 효과로 바꿀 수도 있다. 이제부터 직접 제트팩의 화염 파티클 시스템을 만들어보자.

- 파티클 시스템을 항상 제트팩 분사구 위치에 배치하려면 파티클 시스템을 penguin 게임오브젝트의 자식으로 만들어야 한다. Hierarchy 패널에서 Particle System을 penguin 게임오브젝트로 드래그한다. 그러면 다음 그림과 같은 결과를 볼 수 있다.

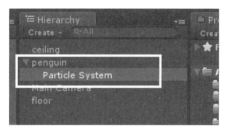

그림 2.7 파티클 시스템 게임오브젝트를 펭귄 게임 오브젝트의 자식으로 만든다.

- 파티클 시스템의 이름을 rocketFire로 변경한다.
- Position을 (-0.62, -0.33, 0)으로 설정해 제트팩의 분사구에 배치한다.
- Rotation을 (65, 270, 270)으로 설정해 파티클의 방향을 분사구의 방향에 맞춘다.

다음 그림은 Inspector 패널에서 수정한 프로퍼티 항목을 강조해 보여준다.

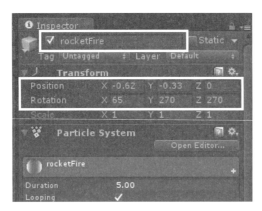

그림 2.8 rocketFire 게임오브젝트의 트랜스폼 컴포넌트

Inspector 패널에 아직 rocketFire 파티클 시스템 오브젝트를 선택한 상태에서, 다음과 같이 Particle System 컴포넌트를 수정해 멋진 화염 효과를 만들어보자.

- Start Lifetime을 0.5로 설정한다.
- Start Size를 0.3으로 설정한다.
- Start Color를 클릭하고 Red, Green, Blue, Alpha를 각각 255, 135, 40, 255로 설정한다. 그러면 파티클이 주황색으로 바뀐다.
- Emission 섹션을 확장하고 Rate를 300으로 설정한다.
- Shape 섹션을 확장하고 Shape를 Cone으로, Angle을 12로, Radius를 0.1로 설정한다.
- Random Direction 체크박스를 선택해 화염 파티클에 임의성을 적용한다.

다음 그림은 파티클 시스템 컴포넌트의 완료된 설정과 씬 뷰에서 펭귄의 제트팩 화염 파티클 효과를 보여준다.

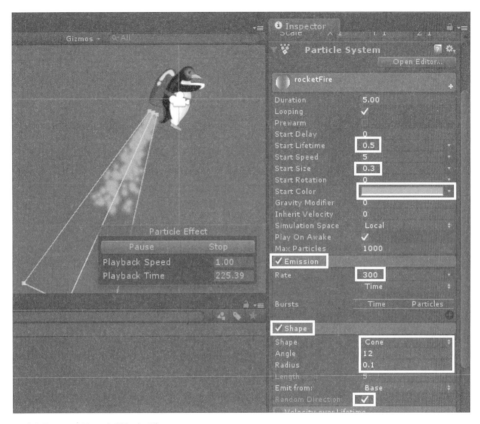

그림 2.9 rocketFire 파티클 시스템

흰색의 원이 임의의 방향으로 발산되던 처음의 이상한 효과에서 펭귄의 제트팩 분사구에서 원뿔 모양으로 발사되는 화염 효과로 바뀌었음을 알 수 있다. 지금까지 Inspector 패널에서 파티클 시스템 컴포넌트의 프로퍼티 값을 수정해 파티클 효과를 변경했다. 이러한 프로퍼티가 실제 어떤 의미가 있는지 정리해보자.

- Start Lifetime은 파티클이 방출된 후 유지되는 수명(초)이다.
- Start Size는 방출 시점의 초기 파티클의 크기다.
- Start Color는 방출 시점의 초기 파티클의 색이다.
- Emission Rate는 단위 시간당 또는 이동 거리당 방출 파티클의 수다.
- Shape는 방출되는 파티클 전체의 형태다. 선택할 수 있는 옵션으로 Sphere, Hemisphere, Cone, Box, Mesh, Circle, Edge가 있다.
- Angle은 원뿔이 가리키는 각도다(Cone에서만 사용 가능).
- Radius는 전체 형태에서 원에 해당하는 부분의 반지름이다.
- Random Direction을 켜면 파티클의 초기 방향이 랜덤으로 선택된다.

 이런 프로퍼티의 용도를 비롯한 자세한 내용은 유니티 매뉴얼(http://docs.unity3d.com/Manual/ParticleSystemModules.html)을 참고한다.

이제 제트팩 화염 효과가 거의 완성됐는데, 한 가지 어색한 부분은 화염이 끝나는 부분에서 바로 사라진다는 점이다. 화염이 점차 사라지게 하면 더 현실적인 효과를 만들 수 있다. 화염을 천천히 사라지게 만들려면 먼저 파티클 시스템 컴포넌트의 Color over Lifetime 프로퍼티를 활성화한다. 그런 다음 Color 상자를 클릭하고 최종 색상의 알파를 지정하는 오른쪽 상단의 슬라이더를 조정해 값을 0으로 설정한다.

다음 그림에 수정해야 하는 전체 설정이 나온다.

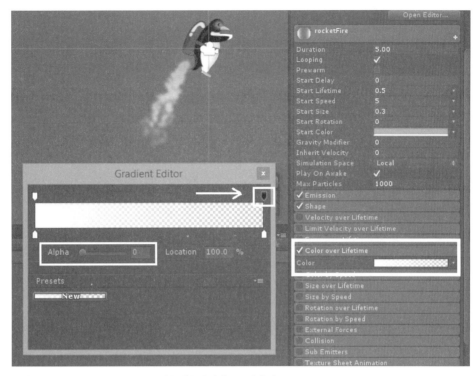

그림 2.10 Color over Lifetime 옵션을 사용해 페이드 효과 추가

다음 그림은 Color over Lifetime 옵션으로 페이드 아웃을 적용했을 때 화염 효과에 어떤 영향이 있는지 보여준다.

그림 2.11 페이드 아웃을 적용 안 한 화염 효과(왼쪽), 적용한 화염 효과(오른쪽)

지금까지 화면을 탭하면 하늘을 나는 펭귄을 구현했고, 제트팩에서 화염을 발사하는 효과를 만들었다. 다음은 게임의 분위기를 표현하기 위한 환경 요소를 게임에 추가해보자. 추가할 환경은 게임의 배경으로 사용되는데 이 게임에는 끝나지 않는 무한 배경이 필요하다. 일단은 펭귄의 이동을 테스트하기 위해서 무한 배경이 아닌 기본 배경을 추가해보자.

게임 레벨의 배경 추가

배경이 없는 게임은 생각하기 힘들다. 아직 이 게임의 배경은 파란색의 빈 공간이므로 펭귄이 제트팩을 이용해 날거나 열심히 움직일 이유가 없었다. 이 펭귄과 어울리는 눈 덮인 언덕 지대를 배경으로 만들어보자. 우리의 주인공 펭귄은 지구 온난화 시대에 살아남기 위해 제트팩으로 장애물을 피하는 방법을 터득했다. 다음은 씬에 배경을 추가하는 방법을 알아보고, z 순서를 이용해 2D 게임의 배경과 스프라이트의 순서를 관리하는 방법을 배운다.

먼저 게임 레벨의 배경을 만들어보자. 게임의 배경은 어도비 포토샵 같은 그래픽 툴을 사용해 만들 수 있다. 다음 그림은 활기찬 펭귄 게임에 사용하기 위해 제작한 배경 이미지를 보여준다.

그림 2.12 활기찬 펭귄 게임의 배경

유니티로 스프라이트를 가져오는 방법은 이미 배웠다. 배경을 가져올 때도 완전히 동일한 방법을 사용한다. 다음 그림과 같이 반복 가능한 이미지 파일인 bg_snow1.png와 bg_snow2.png를 Project Browser 패널에서 Assets 디렉터리의 Graphics 폴더로 가져온다.

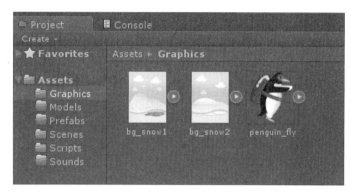

그림 2.13 프로젝트 브라우저 패널로 가져온 배경 이미지

배경 이미지는 서로 이어 붙이더라도 이음새가 보이지 않고 자연스럽게 이어지도록 반복 가능해야 한다는 점을 기억하자. 다음 그림은 활기찬 펭귄 게임을 위해 디자인한 배경 이미지를 보여준다.

그림 2.14 활기찬 펭귄 게임의 배경

두 이미지를 서로 이어 붙이면 이음새 없이 무한으로 이어지는 배경을 만들 수 있다. 2장의 뒷부분에서 이 작업을 하는 스크립트를 작성한다. 우선은 직접 게임의 씬 배경을 구성해보자.

Assets의 Graphics 폴더에 있는 배경 이미지를 Hierarchy 패널로 드래그해 bg_snow1.png의 오브젝트 두 개를 만들고 bg_snow2.png의 오브젝트 한 개를 만든다. Inspector 패널을 이용해 첫 번째와 두 번째 bg_snow1.png의 위치를 각각 (0, 0, 0)과 (9.6, 0, 0)로 설정하고, bg_snow2.png의 위치를 (4.8, 0, 0)으로 설정한다. 이제 펭귄이 배경에 가려서 보이지 않게 된다. 이 게임은 2D 게임이므로 z축의 개념이 없다. z축 위치를 변경해 2D 게임에서 스프라이트와 이미지를 앞뒤로 이동할 수 있지만 이것은 좋은 방법이 아니다. 유니티는 2D 게임에 맞게 최적화된 정렬 레이어^{sorting layer}라는 2D 이미지의 순서 지정 메커니즘을 제공한다. Hierarchy 패널에서 bg_snow1 오브젝트를 선택하고, Inspector에서 SpriteRenderer 컴포넌트를 보면 다음 그림에 나오는 것처럼 Sorting Layer 옵션을 볼 수 있다.

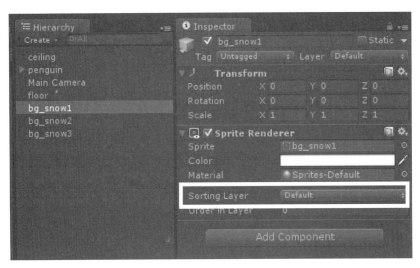

그림 2.15 인스펙터 패널의 스프라이트 렌더러에 속한 정렬 레이어 옵션

유니티로 가져온 모든 스프라이트에는 기본 정렬 레이어가 지정된다. Sorting Layer의 드롭다운 메뉴를 클릭하면 현재 프로젝트에 있는 모든 정렬 레이어가 나열된다. 현재는 Default라는 레이어 하나와 레이어를 추가하는 Add Sorting Layer... 옵션이 있다. 다음 그림과 같이 Add Sorting Layer... 옵션을 선택한다.

그림 2.16 Add Sorting Layer... 옵션

그러면 Inspector 패널 자리에 새로운 Tags & Layers 패널이 열린다. 여기에 Background, Surroundings, Objects, Player라는 레이어 네 개를 추가한다. 다음 그림에서 레이어를 추가한 결과를 볼 수 있다.

그림 2.17 정렬 레이어 패널

각 레이어 왼쪽에 있는 두 개의 선 아이콘을 위아래로 드래그하면 레이어의 순서를 서로 바꿀 수 있다. 예를 들어 현재는 Default 레이어가 가장 낮은 레이어이며, 다른 모든 레이어 아래에 그려진다. Player 레이어는 레이어를 사용하는 다른 모든 레이어 위에 그려진다.

 정렬 레이어와 레이어 사이에는 큰 차이가 있다. 정렬 레이어는 2D 게임에서 2D 스프라이트를 배열하는 용도로만 사용되며 레이어는 정렬 용도로는 사용되지 않는다. 둘은 완전히 다른 개념이므로 레이어를 사용할 때는 레이어와 정렬 레이어 간에 충돌이 발생하지 않게 주의해야 한다.

현재는 Player와 Background 정렬 레이어만 필요하다. 다른 레이어는 2장의 뒷부분에서 사용한다. Hierarchy 패널에서 Penguin 게임오브젝트를 선택하고 Inspector의 Sprite Renderer에 있는 Sorting Layer 옵션에서 Player 정렬 레이어를 선택한다.

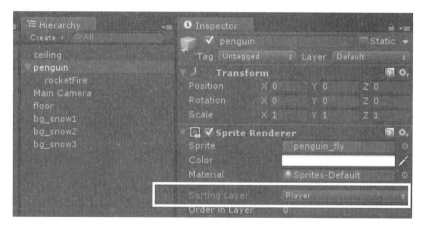

그림 2.18 펭귄의 정렬 레이어 선택

비슷한 방법으로 씬의 모든 배경 오브젝트의 정렬 레이어를 Background로 설정한다. 이제 펭귄이 배경 위에 표시되는 그림을 확인할 수 있다.

▍ 카메라 관리

지금까지 펭귄이 제트팩을 이용해 하늘을 날 수 있게 했고, 파티클 시스템으로 화염 효과를 추가했다. 또한 씬의 기본 배경을 추가했다. 이번 절에서는 자동으로 생성되는 무한 레벨에서 펭귄이 움직이게 하는 방법과 카메라의 초점을 항상 펭귄에 맞추는 방법을 알아본다.

펭귄이 전진하게 만들기

이제 펭귄이 전진하게 만들어보자. 먼저 1장에서 만든 PenguinController.cs 파일을 연다. 이 파일은 Assets 디렉터리의 Scripts 폴더에 있다. 이 코드 파일에 전진 속도를 나타내는 public 필드를 추가한다.

```
public float forwardMovementSpeed = 3.0f;
```

기억하겠지만 public 필드를 추가하면 다음 그림에서 보듯이 스크립트의 게임오브젝트에 해당 프로퍼티가 추가된다.

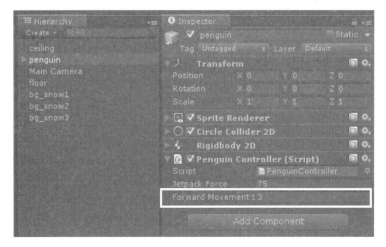

그림 2.19 Inspector 패널에 추가된 Forward Movement Speed 필드

펭귄을 움직이게 하려면 먼저 Update( )나 FixedUpdate( ) 메서드에서 펭귄의 속도를 업데이트해야 한다. 이 게임에서는 FixedUpdate( ) 메서드에서 펭귄의 물리적 동작을 처리하므로 FixedUpdate( ) 메서드에 다음 코드를 추가한다.

```
// Velocity of Penguin
Vector2 newVelocity = this.GetComponent<Rigidbody2D> ().velocity;
newVelocity.x = forwardMovementSpeed;
this.GetComponent<Rigidbody2D> ().velocity = newVelocity;
```

이 코드에 새로운 사항은 없다. 펭귄의 y 위치는 제트팩을 작동할 때만 변경되므로 이 코드에서는 펭귄의 x 위치만 업데이트한다. 이 코드는 각 프레임에서 펭귄 게임오브젝트의 가속도에 forwardMovementSpeed를 설정한다. 프로젝트를 실행하면 펭귄이 오른쪽으로 움직이기 시작하며, 조금 지나면 펭귄이 화면 밖으로 나간다. 다음 작업은 카메라가 펭귄을 따라가게 해 펭귄이 항상 화면에 남아 카메라의 경계를 벗어나지 않게 하는 것이다.

카메라가 펭귄을 따라가게 하기

카메라가 펭귄을 따라가게 만드는 방법은 여러 가지가 있지만, 가장 쉬운 방법은 다음 그림과 같이 카메라 오브젝트를 펭귄 게임오브젝트의 자식으로 만드는 것이다.

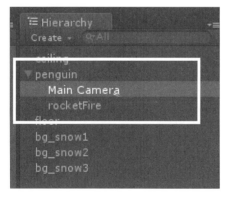

그림 2.20 펭귄 오브젝트의 자식으로 포함된 카메라

그런데 카메라를 펭귄 오브젝트의 자식으로 만들면 펭귄이 점프하거나 날 때 카메라도 함께 위아래로 움직이는 단점이 있다. 이 게임의 카메라에는 이런 움직임이 필요 없으며, 수평으로 계속 펭귄을 따라 움직이면서 펭귄을 화면 테두리 안에 계속 있게 하면 된다. 이를 위해 Assets 디렉터리의 Script 폴더에 CameraFollow.cs라는 새로운 C# 스크립트 파일을 만들고, 여기에 targetObject라는 이름으로 public GameObject 필드를 추가한다. 이 필드는 카메라가 추적할 오브젝트를 포함하며, 여기에 펭귄 게임오브젝트에 대한 참조를 지정해야 한다. 카메라가 계속 이동하는 데는 펭귄이 이동하는 코드와 비슷한 코드를 사용한다. 다른 점은 이 코드를 FixedUpdate( ) 메서드가 아니라 Update( ) 메서드에 넣는다는 점이다. 이렇게 하는 이유는 리지드바디와(또는) 다른 물리적 행동이 있는 오브젝트에만 FixedUpdate( )를 사용해야 하기 때문이다. 이 카메라는 물리와는 무관하므로 간단하게 이동 코드를 Update( ) 메서드에 추가했다. CameraFollow.cs 파일의 전체 코드는 다음과 같다.

```
public class CameraFollow : MonoBehaviour {

    public GameObject targetObject;
    private float distanceToTarget;

    // Use this for initialization
    void Start () {
        distanceToTarget = transform.position.x - targetObject.transform.position.x;
    }

    // Update is called once per frame
    void Update () {
        float targetObjectX = targetObject.transform.position.x;

        Vector3 newCameraPosition = transform.position;
        newCameraPosition.x = targetObjectX + distanceToTarget;
        transform.position = newCameraPosition;
    }
}
```

작성한 코드는 카메라 오브젝트에 추가해야 한다. Hierarchy 패널에서 메인 카메라 오브젝트를 선택하고 Inspector에서 Add Component 버튼을 클릭한 후 Scripts – CameraFollow.cs를 선택해 스크립트를 카메라에 연결한다.

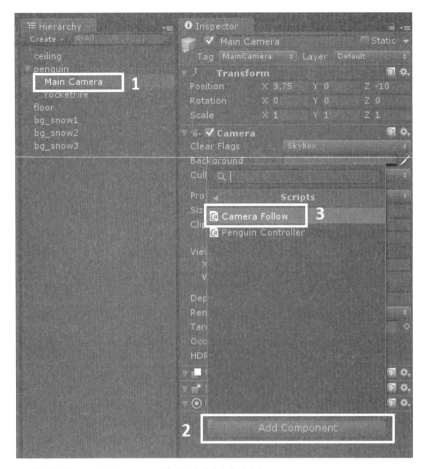

그림 2.21 CameraFollow.cs 스크립트를 카메라에 추가한다.

> ⓘ 스크립트를 프로젝트 브라우저 패널에서 Hierarchy 패널의 게임오브젝트로 드래그하는 방법으로 곧바로 연결할 수도 있다.

그런데 프로젝트를 실행하면 카메라가 움직이기는 하지만 **Debug Log** 패널에 다음 그림과 같은 오류가 나오는 상황을 볼 수 있다.

그림 2.22 Debug Log에 표시되는 카메라 오류

이 오류는 CameraFollow 스크립트에서 targetObject 변수의 값이 할당되지 않은 상태로 Update( ) 메서드에서 사용됐다는 의미다. 앞서 언급했듯이 카메라가 추적할 대상을 알려주기 위해 targetObject에 펭귄 게임오브젝트에 대한 참조를 지정해야 한다. 카메라가 선택된 상태에서 펭귄 오브젝트를 Inspector 패널의 **Target Object** 필드로 드래그해 직접 할당할 수 있다.

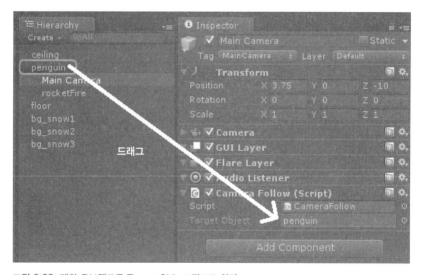

그림 2.23 펭귄 오브젝트를 Target Object 필드로 할당

이제 게임을 다시 실행하면 카메라가 펭귄을 제대로 추적하는 것을 확인할 수 있다. 그런데 잠시 시간이 지나면 펭귄이 바닥 아래로 떨어지기 시작한다. 이것은 펭귄이 이동하면서 중력을 받칠 바닥을 완전히 지나쳤기 때문이다. 이 문제를 해결하기 위해 다음 절에서는 무한 레벨을 만드는 방법을 알아보자.

프리팹과 레벨 관리

레벨이 없는 게임은 생각하기 어렵다. 레벨은 게임의 경험을 모험처럼 느끼도록 만든다. 일반적으로 레벨은 여러 난이도로 준비되며 플레이어가 성취감을 느끼고 적절한 보상을 받을 수 있게 해준다. 활기찬 펭귄 게임에 레벨을 추가해보자. 한 가지 먼저 생각해야 할 점은 이 게임에 어떤 종류의 레벨을 추가해야 하는지에 대한 것이다. 이 게임은 무한으로 진행되므로, 임의의 장애물과 적을 포함하도록 자동으로 생성되는 레벨을 사용하는 방법이 적합할 것이다. 이를 위해서는 임의의 환경과 공간을 생성하고 게임의 난이도에 맞게 적과 장애물을 추가하는 스크립트를 작성해야 한다.

유니티는 런타임에 게임오브젝트의 인스턴스를 생성하고 동작을 정의할 수 있게 해준다. 개발자가 게임의 공간, 레벨, 아이템, 적 등을 런타임에 일일이 생성할 수도 있지만, 유니티가 제공하는 프리팹이라는 재사용 가능한 요소를 이용하면 더 체계적으로 작업할 수 있다. 다음 절에서 프리팹에 대해 자세히 알아보자.

프리팹

유니티 설명서에 따르면 프리팹은 에셋의 한 종류이며, 프로젝트 뷰에 저장되는 재사용 가능한 게임오브젝트다. 프리팹은 여러 씬에 필요한 만큼 여러 번 삽입할 수 있다. 씬에 프리팹을 추가할 때 프리팹의 인스턴스를 만드는 것이다. 모든 프리팹 인스턴스는 원본 프리팹에 연결돼 있으며, 사실상 원본 프리팹의 클론이다. 따라서 원본 프리팹을 변경하면, 프로젝트에 삽입한 인스턴스의 수에 관계없이, 모든 인스턴스에 변경이 적용되는 것을 볼 수 있다.

다음 그림은 프로젝트 브라우저 뷰에 포함된 빈 프리팹을 보여준다.

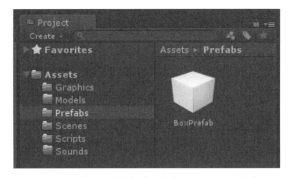

그림 2.24 프로젝트 브라우저 패널의 빈 BoxPrefab 프리팹

Assets 디렉터리에 있는 Prefabs 폴더는 프로젝트를 구성할 때 만든 것이며, 앞으로 이 게임에 사용되는 모든 프리팹을 이 폴더에 저장한다.

프리팹도 일종의 게임오브젝트이므로 콜라이더, 리지드바디, 스크립트 등의 컴포넌트를 가질 수 있다. 프리팹과 게임오브젝트의 유일한 차이는 프리팹은 런타임에 동일한 동작을 복사하고 인스턴스로 만들 수 있지만, 게임오브젝트는 런타임에 생성할 수 없다는 점이다.

무한 레벨을 만들려면 먼저 레벨을 이루는 작은 블록을 만들어야 한다. 즉 런타임에 펭귄이 레벨 안에서 움직이는 동안 이 블록을 끊임없이 반복 생성해서 레벨을 구성한다. 다음 절에서는 프리팹을 활용해 이러한 작은 레벨 블록을 만드는 과정을 직접 따라해보자.

레벨 블록 프리팹 만들기

레벨 블록 프리팹은 펭귄이 화면 바깥으로 벗어나지 않게 하는 바닥과 천장 오브젝트와 함께 레벨의 분위기를 표현하는 배경 이미지를 포함한다.

Hierarchy 뷰의 빈 공간을 마우스 오른쪽 버튼으로 클릭하고 Create Empty를 선택해 빈 게임오브젝트를 만든다.

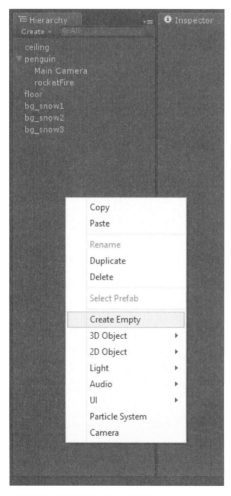

그림 2.25 빈 게임오브젝트 만들기

다음은 프리팹이 포함해야 하는 모든 게임오브젝트를 이 빈 게임오브젝트의 자식으로 추가해야 한다. 우선은 snow_bg1과 snow_bg2 배경, 그리고 floor 오브젝트와 ceiling 오브젝트를 자식으로 추가한다. 나중에 언제든지 새 오브젝트와 컴포넌트를 이 컴포넌트에 추가하고 업데이트할 수 있다. 그러나 프리팹을 수정하면 기존의 모든 프리팹 인스턴스도 함께 업데이트된다는 점을 기억해야 한다.

앞서 언급한 오브젝트를 차례로 빈 게임오브젝트로 드래그해 자식으로 추가하고 빈 게임오브젝트의 이름을 level_block으로 변경한다. 다음 그림은 level_block 오브젝트의 계층을 보여준다.

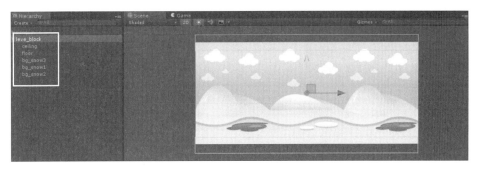

그림 2.26 level_block 게임오브젝트

 오브젝트, 장식, 배경 등을 추가해 레벨 블록을 장식한 경우, 레벨 블록 오브젝트에도 이러한 항목을 추가해야 한다.

레벨 블록 게임오브젝트를 만든 다음에는 이를 프리팹으로 바꿔야 한다. 이를 위해 먼저 Assets 디렉터리의 Prefabs 폴더를 마우스 오른쪽 버튼으로 클릭하고 메뉴에서 Create ➤ Prefab 항목을 선택한다.

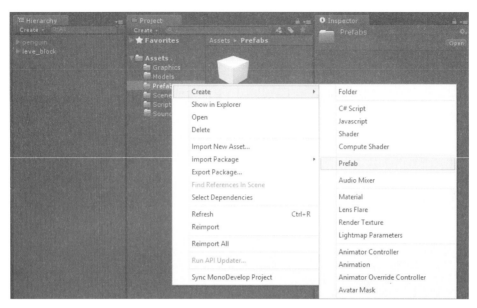

그림 2.27 프리팹 만들기

그러면 Prefabs 폴더에 빈 프리팹이 생성된다. 이제 다음 그림에 나온 것처럼, Hierarchy 뷰에서 level_block 게임오브젝트를 빈 프리팹으로 드래그하면 프리팹이 준비된다.

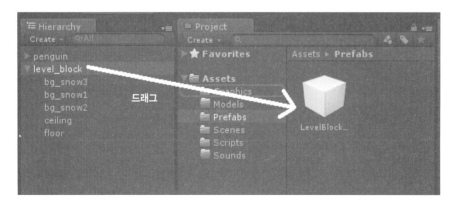

그림 2.28 오브젝트를 프리팹에 추가한다.

Project Browser 패널에서 생성된 프리팹의 내용을 작은 미리보기로 볼 수 있다. 또한 미리보기에 있는 작은 화살표 아이콘을 이용하면 프리팹에 들어있는 모든 오브젝트를 볼 수 있다. 다음 그림은 Project Browser 패널에서 Level_Block Prefab의 미리보기를 보여준다.

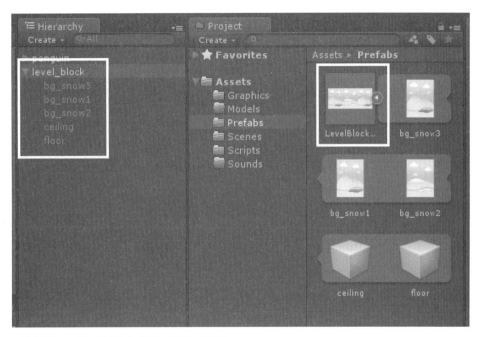

그림 2.29 프로젝트 브라우저 패널의 프리팹 미리보기

 프리팹은 모든 씬에 사용할 수 있으며, 프로젝트 내의 어디에서든 재사용 가능하다.

프리팹이 런타임에 어떻게 작동하는지 알아보기 위해, 레벨 블록 프리팹을 씬의 여러 위치에 드래그하고 씬에 어떻게 표시되는지 확인해보자. 다음 그림은 레벨 블록 프리팹을 씬에 여러 위치로 드래그한 결과를 보여준다.

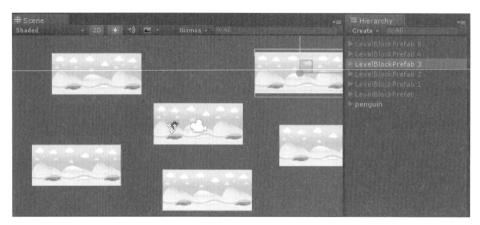

그림 2.30 씬의 여러 곳에 임의로 배치한 레벨 블록 프리팹

프리팹을 씬에 드래그할 때마다 프리팹의 모든 기능과 자식 오브젝트, 동작, 스크립트 등을 포함하는 전체 블록이 새로 생성되는 것을 볼 수 있다. 이것이 유니티의 프리팹이 가진 가장 중요한 장점이다.

이제 레벨 블록 프리팹이 준비됐다. 이제 런타임에 언제 어디에 레벨 블록의 인스턴스를 만들지 유니티에 알려줘야 한다. 이를 위해 BlockGenerator.cs라는 스크립트를 펭귄 오브젝트에 추가하겠다. 이 레벨 생성기에 대해서는 다음 절에서 알아보자.

레벨 블록 생성기의 개념

생성기 스크립트의 개념은 아주 간단하다. 이 스크립트에는 생성할 수 있는 레벨 블록의 배열(현재는 한 종류), 현재 생성한 블록의 리스트, 그리고 메서드 두 개가 들어있다. 첫 번째 메서드는 블록을 추가해야 하는지 결정하며, 두 번째 메서드는 블록을 추가한다.

첫 번째 메서드는 블록을 추가해야 하는지 결정하기 위해 이미 생성한 공간에서 화면 너비 이상의 예비 공간이 있는지 계산한다. 다음 그림을 보면 이해하는데 도움이 될 것이다.

그림 2.31 레벨 블록 생성기의 개념

1번 시나리오에서는 여분의 공간이 어느 정도 남아 있지만, 2번 시나리오에서는 여분의 공간이 부족하므로 펭귄이 앞으로 이동하면 빈 공간이 나오게 된다. 따라서 현재 있는 레벨 블록을 더 추가해 빈 공간이 나오지 않게 해야 한다. 다음 그림은 펭귄이 전진하는 동안 새로운 블록이 추가되는 방법과 시점에 대한 개념을 간략하게 보여준다.

그림 2.32 펭귄이 이동하는 동안 레벨 블록이 생성된다.

새로운 펭귄이 전진하는 동안 계속해서 새로운 블록이 생성되고 추가되는 모습을 볼 수 있다. 화면 밖으로 벗어난 블록은 메모리 사용 최적화와 게임의 성능을 위해 삭제된다.

다음 절에서는 지금까지 설명한 개념을 BlockGenerator.cs 파일에서 직접 코드로 작성 해보자.

BlockGenerator.cs 코드

먼저 Assets 디렉터리의 Scripts 폴더에 BlockGenerator.cs라는 C# 스크립트 파일을 새로 만든 다음, 이 스크립트를 펭귄 오브젝트로 드래그해 연결한다.

 한 게임오브젝트에 여러 스크립트를 연결할 수 있다. 게임오브젝트에 연결할 수 있는 스크립트나 컴포넌트의 수에는 제한이 없다.

Project 뷰나 Inspector 패널에서 BlockGenerator.cs를 더블 클릭해 모노디벨롭에서 파일을 연다.

 List<T> 클래스를 사용하려면 System.Collections.Generic 네임스페이스를 추가해야 한다.

BlockGenerator 클래스에 다음과 같은 변수를 추가한다.

```
public GameObject[] availableBlocks;
public List<GameObject> currentBlocks;
private float screenWidthInPoints;
```

availableBlocks는 스크립트가 생성할 수 있는 프리팹의 배열을 포함하며, 현재는 프리팹을 LevelBlockPrefab 하나만 포함한다. 물론 나중에 여러 가지 다른 블록 유형을 만들고 이 배열에 추가할 수 있으며, 스크립트는 생성할 블록 유형을 이 배열에서 임의로 선택할 수 있다. currentBlocks 목록은 블록의 인스턴스를 저장하므로, 이 목록을 보면 마지막 블록이 끝나는 위치를 확인하고 블록을 추가해야 하는지 여부를 알 수 있다. 펭귄이 지나친 블록은 삭제해야 한다. screenWidthInPoints 변수는 화면 크기를 저장하는 데 사용한다.

다음 그림과 같이 Penguin 게임오브젝트의 Inspector에서 이러한 필드를 확인할 수 있다.

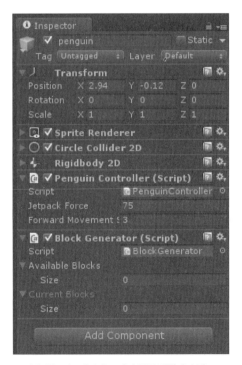

그림 2.33 인스펙터에 표시된 블록 생성기의 필드

다음과 같은 Start( ) 메서드의 코드를 BlockGenerator.cs 파일에 추가한다.

```
// Use this for initialization
void Start () {
    float height = 2.0f * Camera.main.orthographicSize;
    screenWidthInPoints = height * Camera.main.aspect;
}
```

이 코드에서는 화면 크기를 계산한다. 화면 크기는 앞에서 설명했듯이 새로운 블록을 생성할지 여부를 결정하는 데 사용된다.

다음과 같은 AddBlock( ) 메서드의 코드를 BlockGenerator.cs 파일에 추가한다.

```
void AddBlock(float farhtestBlockEndX)
{
    //1
    int randomBlockIndex = Random.Range(0, availableBlocks.Length);

    //2
    GameObject room = (GameObject)Instantiate(availableBlocks[randomBlockIndex]);

    //3
    float roomWidth = room.transform.FindChild("floor").localScale.x;

    //4
    float roomCenter = farhtestBlockEndX + roomWidth * 0.5f;

    //5
    room.transform.position = new Vector3(roomCenter, 0, 0);

    //6
    currentBlocks.Add(room);
}
```

이 메서드는 현재 레벨의 오른쪽 끝 지점을 나타내는 farhtestBlockEndX 값을 사용해 새로운 블록을 추가한다. 메서드의 각 코드 행은 다음과 같은 작업을 한다.

- 생성할 블록 유형(프리팹)을 임의로 선택한다.
- 블록의 배열에 임의의 인덱스를 적용해 블록 오브젝트를 생성한다.
- 블록 자체는 빈 오브젝트지만, 블록에 포함된 바닥 오브젝트의 크기가 블록의 너비에 해당한다.

114

- 블록의 위치를 설정할 때는 중심 위치를 설정하므로 블록이 끝나는 위치에 블록 너비의 절반을 더해야 한다. 이와 같이 마지막 블록이 끝나는 지점에서 블록을 추가할 위치를 얻을 수 있다.

- 이 행은 블록의 위치를 설정한다. 블록의 y와 z좌표는 모두 0이므로 x좌표만 변경하면 된다.

- 마지막으로 블록을 현재의 블록 목록에 추가한다. 이 목록을 유지하는 이유는 다음 메서드에서 블록을 삭제하기 위해서다.

AddBlock( ) 메서드 다음에는 GenerateBlockIfRequired( ) 메서드를 추가한다.

```
void GenerateBlockIfRequired()
{
    //1
    List<GameObject> blocksToRemove = new List<GameObject>();
    //2
    bool addBlocks = true;
    //3
    float playerX = transform.position.x;
    //4
    float removeBlockX = playerX - screenWidthInPoints;
    //5
    float addBlockX = playerX + screenWidthInPoints;
    //6
    float farthestBlockEndX = 0;

    foreach(var block in currentBlocks)
    {
        //7
        float BlockWidth = block.transform.FindChild("floor").localScale.x;
        float BlockStartX = block.transform.position.x - (roomWidth * 0.5f);
        float BlockEndX = BlockStartX + BlockWidth;
        //8
        if (BlockStartX > addBlockX)
            addBlocks = false;
        //9
        if (BlockEndX < removeBlockX)
            blocksToRemove.Add(block);
        //10
        farthestBlockEndX = Mathf.Max(farthestBlockEndX, BlockEndX);
    }
    //11
    foreach(var room in blocksToRemove)
    {
        currentBlocks.Remove(room);
        Destroy(room);
    }
    //12
    if (addBlocks)
        AddBlock(farthestBlockEndX);
}
```

이 메서드는 앞의 절에서 설명한 개념을 구현한 것이다.

1. 제거해야 하는 블록을 저장할 목록을 생성한다. 목록을 별도로 만드는 이유는 순회 대상인 목록에서 곧바로 항목을 제거할 수 없기 때문이다.

2. 이것이 블록을 추가해야 하는지 여부를 표시하는 플래그다. 기본적으로 true로 설정되지만 foreach 내부에서는 대부분 false로 설정된다.

3. 플레이어 위치를 저장한다.

4. 이 지점 이후로 블록을 제거해야 한다. 블록의 위치가 이 지점 이후(왼쪽)인 경우 해당 블록을 제거해야 한다.

5. addBlockXpoint 이후에 블록이 없는 경우 레벨의 끝이 화면 너비보다 가깝다는 의미이므로 블록을 추가해야 한다.

6. farthestBlockEndX에 현재 레벨이 끝나는 지점을 저장한다. 새 블록이 필요한 경우 레벨이 매끄럽게 이어지려면 블록이 시작할 지점을 알아야 하므로 이 변수가 필요하다.

7. foreach에서는 현재 블록을 나열한다. 블록의 너비를 알아내고 BlockStartX(블록이 시작하는 지점, 블록의 왼쪽 끝)와 BlockEndX(블록이 끝나는 지점, 블록의 오른쪽 끝)를 계산하려면 floor 오브젝트가 필요하다.

8. addBlockX 이후에 블록이 있는 경우 당장 블록을 추가할 필요는 없다. 여기에 break 문이 없는 이유는 이 블록을 제거해야 하는지도 확인해야 하기 때문이다.

9. 블록이 removeBlockX 지점 왼쪽에서 끝난다면 이미 화면을 벗어났으므로 제거해야 한다.

10. 여기에서는 간단히 레벨의 오른쪽 끝 지점을 찾는다. 이 지점은 레벨이 현재 끝나는 지점이며 블록을 추가할 필요가 있을 때만 사용된다.

11. 더 이상 필요 없는 블록을 제거한다. 펭귄이 이미 지나쳤고 화면을 벗어난 블록은 유지할 필요가 없다.

12. 이 시점에 addBlocks가 true인 경우 레벨의 끝이 가깝다는 의미다. addBlocks
는 화면 너비보다 먼 곳에서 시작하는 블록이 없는 경우 true가 된다. 즉 새 블
록을 추가해야 한다.

마지막으로 다음과 같은 FixedUpdate( ) 메서드를 BlockGenerator.cs 파일에 추가한다.

```
void FixedUpdate( )
{
    GenerateBlockIfRequired( );
}
```

FixedUpdate( )에서 블록을 생성하면 게임에 빈 블록이 표시되지 않도록 주기적으로 확
인할 수 있다. 다음은 유니티로 돌아와서 Hierarchy에서 펭귄 게임오브젝트를 선택하고
Inspector에서 BlockGenerator 컴포넌트를 찾는다. Hierarchy에서 LevelBlockPrefab
을 Current Blocks 목록으로 드래그한다. 프로젝트 브라우저에서 Prefabs 폴더를 열고
LevelBlockPrefab을 Available Blocks로 드래그한다. 다음 그림은 프리팹을 목록에 추가
한 후 펭귄 오브젝트의 Block Generator 컴포넌트를 보여준다.

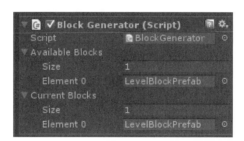

그림 2.34 프리팹을 추가한 블록 생성기 컴포넌트

이제 프로젝트를 실행하면 블록이 계속 생성되는 것을 확인할 수 있다. Hierarchy에서 블
록이 생성되고 제거되는 것을 볼 수 있으며, 게임을 실행하고 씬 뷰로 전환하면 실시간으
로 블록이 추가되고 제거되는 모습도 볼 수 있다.

지금까지 자동으로 레벨 블록을 생성하는 방법을 알아봤다. 다음은 게임 레벨에 펭귄이 피해가야 하는 얼음 스파이크 같은 장애물을 추가해보자.

게임에 얼음 스파이크 추가

게임이 성립하려면 플레이어에게 도전과 장애물을 제공해야 한다. 이 절에서는 블록을 생성하는 것과 비슷한 방법으로 레벨에 얼음 스파이크 모양의 장애물을 임의로 생성하는 과정을 따라해보자. 먼저 얼음 스파이크 오브젝트를 만들어보겠다. 우선 스파이크가 있는 이미지와 없는 이미지가 필요하다.

다음 그림은 스파이크가 없는 이미지와 있는 이미지를 보여준다.

그림 2.35 스파이크가 없는 이미지와 있는 이미지

spike_on.png와 spike_off.png 파일을 Assets 디렉터리의 Graphics 폴더로 가져온다. 그리고 다음과 같은 단계에 따라 얼음 스파이크를 생성하기 위한 프리팹을 만든다.

1. Project 뷰에서 spike_on 스프라이트를 찾고 씬으로 드래그한다.
2. 방금 추가한 게임오브젝트를 Hierarchy에서 선택하고 이름을 spike로 바꾼다.
3. 스파이크 게임오브젝트의 Sorting Layer를 Objects로 설정한다.
4. 스파이크 게임오브젝트에 Box Collider 2D 컴포넌트를 추가한다.
5. Box Collider 2D 컴포넌트의 Is Trigger 프로퍼티를 활성화한다.

6. 콜라이더의 X 크기를 0.18, Y를 3.1로 설정한다.

7. Scripts 폴더에 SpikeScript.cs라는 새로운 C# 스크립트를 만든 다음, 이 스크립트를 스파이크 게임오브젝트에 연결한다.

다음 그림에는 스파이크 게임오브젝트를 만드는 과정이 순서대로 나온다.

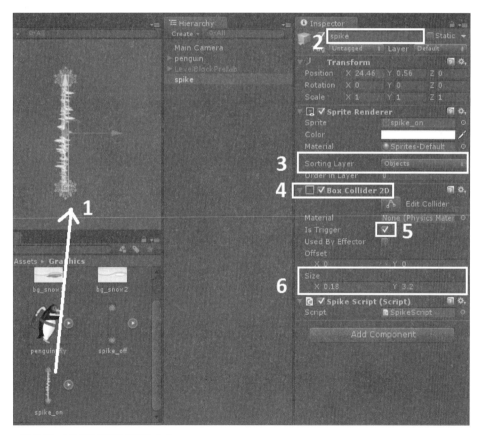

그림 2.36 스파이크 게임오브젝트 추가

SpikeScript.cs를 열고 클래스에 다음과 같은 필드를 추가한다.

```
//1
public Sprite spikeOnSprite;
public Sprite spikeOffSprite;

//2
public float interval = 0.5f;
public float rotationSpeed = 0.0f;

//3
private bool isLaserOn = true;
private float timeUntilNextToggle;
```

Start( ) 메서드에 다음과 같은 코드를 추가한다.

```
// Use this for initialization
void Start () {
    timeUntilNextToggle = interval;
}
```

이 코드는 스파이크의 상태를 토글할 시간을 처음으로 설정한다. 그런 다음 스파이크의 상태를 토글한 후 스파이크를 회전시키는 코드를 FixedUpdate( )에 추가한다.

```
void FixedUpdate () {
    timeUntilNextToggle -= Time.fixedDeltaTime;
    if (timeUntilNextToggle <= 0) {
        isSpikeOn = !isSpikeOn;
        GetComponent<Collider2D>().enabled = isSpikeOn;
        SpriteRenderer spriteRenderer = ((SpriteRenderer)this.GetComponent<Renderer>());
        if (isSpikeOn)
            spriteRenderer.sprite = spikeOnSprite;
        else
            spriteRenderer.sprite = spikeOffSprite;
        timeUntilNextToggle = interval;
    }
    transform.RotateAround(transform.position, Vector3.forward, rotationSpeed * Time.fixedDeltaTime);
}
```

Hierarchy에서 스파이크 게임오브젝트를 선택한다. Project 브라우저에서 spike_on 스프라이트를 Inspector 뷰의 SpikeScript 컴포넌트에 있는 Spike On Sprite 프로퍼티로 드래그한다. spike_off 스프라이트도 마찬가지로 Spike Off Sprite 프로퍼티로 드래그한다. 회

120

전 속도^{Rotation Speed}를 30으로 설정하고 위치를 (2, 0.25, 0)으로 설정한다. 프로젝트를 실행하고 스파이크가 작동하는 것을 확인한다. 마지막으로 앞의 절에서 살펴본 방법으로 스파이크 게임오브젝트를 spikes 폴더에 SpikePrefab으로 만든다.

다음 그림은 게임에 추가된 얼음 스파이크를 보여준다.

그림 2.37 게임에 추가된 스파이크

▌ 요약

2장에서는 활기찬 펭귄 게임에 파티클 시스템을 이용한 화염 효과를 추가했다. 그런 다음 카메라 관리에 대해 배우고 게임을 진행하는 동안 카메라가 펭귄을 추적하도록 했다. 그리고 프리팹의 개념을 배우고, 레벨 블록 프리팹을 만들었으며, 이 프리팹을 활용해 무한으로 레벨을 생성하는 코드를 작성했다. 그런 다음 게임에서 펭귄에 장애물 역할을 할 얼음 스파이크 프리팹을 만들었고, 이를 런타임에 임의로 생성하고 회전하도록 했다.

3장에서는 3D 게임으로 개념을 확장해 유니티 3D에서 복잡한 3D 게임을 개발하기 위해 알아야 할 워크플로와 시스템에 대해 살펴본다.

03

액션 격투 게임에
플레이어 캐릭터 추가

1장에서는 유니티에서 2D 게임을 개발하기 위해 알아야 할 여러 가지 개념을 소개하고, 활기찬 펭귄이라는 간단한 2D 게임을 개발하는 과정을 단계적으로 따라해봤다. 2장에서는 1장에서 만든 게임의 기반을 바탕으로 새로운 특수 효과를 추가하기 위해 유니티의 파티클 시스템에 대해 알아봤다. 그런 다음 파티클 시스템으로 제트펙의 화염 효과를 구현하면서 파티클 시스템의 방출, 형태, 색상 등의 다양한 프로퍼티에 대해 살펴봤다.

그 다음에는 게임 레벨의 환경으로 배경을 추가하는 방법과 배경으로 사용할 이미지를 유니티로 가져오는 방법, 배경에서 반복 가능하게 만드는 방법을 배웠다. 정렬 레이어와 태그의 개념을 배웠고, 펭귄이 화면 밖으로 벗어나지 않게 하기 위해 카메라가 펭귄을 따라 움직여야 한다는 사실도 확인했다.

이러한 일반적인 주제를 다룬 후에는 프리팹이라는 흥미로운 주제를 소개했다. 프리팹의 기본 개념을 설명한 후, 게임의 레벨의 배경과 장애물을 런타임에 자동으로 생성하는 데 레벨 프리팹을 이용하는 방법을 알아봤다. 또한 생성기의 기본 개념에 대해 알아봤고 직접 코드를 구현해봤다.

마지막으로 게임에 장애물을 추가하고 펭귄과 장애물 간의 충돌 감지에 대해 소개했다. 그러면서 게임의 특정한 지점에 있는 오브젝트를 감지하는 콜라이더를 만드는 데 유용한 트리거의 개념을 간단히 설명했다. 다음 그림은 1장과 2장을 완료한 상태의 게임 실행 화면이다.

그림 3.1 활기찬 펭귄 게임 실행 화면

 유니티에서 2D 게임을 만드는 데 관심이 있다면 1장과 2장에서 좀 더 자세한 내용을 다룬다.

3장은 1, 2장과는 완전히 다른 레벨 개념을 소개한다. 3장에서는 유니티에 대한 지식을 초보 게임 개발자들이 종종 혼동하거나 어렵게 느끼는 3D 게임 개발로 확장한다. 2D 게임 개발에서 개발자와 프로그래머의 관심은 카메라의 깊이를 무시한, 이미지와 스프라이트를 비롯한 2차원적 개념이었다. 어도비 포토샵이나 김프Gimp 같은 그래픽 툴에 경험이 있으면 2D 게임 개발의 기본 개념을 상당히 쉽게 이해할 수 있지만, 3D 게임을 개발하려면 오토데스크 마야Autodesk Maya나 3D 스튜디오 맥스3D Studio Max 같은 수준 높은 상용 툴에 대한 전문 지식이 필요하다. 이러한 툴을 능숙하게 사용하려면 다년간의 연습과 경험이 필요하다. 이런 점은 3D 게임 개발을 시작할 때 진입 장벽으로 작용한다.

이러한 기본 개념을 모두 다루는 것은 이 책의 주제와 맞지 않지만, 3D 액션 게임을 처음부터 제작하면서 필수적인 3D 게임 개발의 개념과 활용 방법은 충분히 확인할 수 있다. 우선 3장에서는 3D 프로젝트의 구성, 3D 모델 가져오기, 3D 모델에 텍스처와 머티리얼을 적용하는 방법 등의 기본 사항을 다룬다. 이어서 리깅rigging의 기본 개념과 함께 유니티가 리깅 작업을 돕기 위해 제공하는 인간형 리깅, 범용 리깅 등의 기능을 살펴본다. 또한 유니티에서 액션 격투 게임의 플레이어 캐릭터 모델을 가져오고, 리깅하는 과정을 통해 리깅의 개념을 실제로 적용해본다. 또한 애니메이션을 적용해 기본적인 캐릭터의 움직임을 구현한다.

이제부터 유니티에서 3D 게임 프로젝트를 구성하는 과정에 초점을 맞추고 3D 게임 개발을 시작해보자.

3장에서 다룰 주제는 다음과 같다.

- 3D 게임용 프로젝트 구성
- 3D 모델 가져오기
- 텍스처와 머티리얼 적용
- 범용 리깅과 인간형 리깅
- 휴머노이드 아바타 구성
- 레거시와 메카님 애니메이션 시스템
- 애니메이션 컨트롤러에서 상태 머신 사용

▌ 유니티에서 3D 게임용 프로젝트 구성

1장과 2장에서는 2D 게임 개발에 대해 배우고 유니티에서 2D 게임용 프로젝트를 구성하는 방법을 알아봤다. 3D 프로젝트에서도 절차는 거의 동일하지만 몇 가지 다른 사항이 있다. 유니티 5를 시작하고 빈 프로젝트를 새로 만들어보자.

3D 게임 프로젝트 구성에 대해 잘 알고 있고 3D 게임을 개발한 경험이 있다면 이 절을 건너뛰어도 된다. 유니티 5를 실행하면 다음 그림과 비슷한 프로젝트 마법사가 표시된다.

그림 3.2 유니티 5의 새 프로젝트 마법사

프로젝트 마법사에는 모든 최근 프로젝트와 그 이름의 목록이 표시되며, 가장 최근 프로젝트는 쉽게 알아볼 수 있게 강조 표시된다. 마법사의 오른쪽 영역에는 새로운 프로젝트를 처음부터 만들거나 다른 디렉터리에서 특정 프로젝트를 여는 컨트롤이 있다. 오른쪽 상단의 **New project** 버튼을 클릭해 새 프로젝트를 만드는 과정을 시작해보자. 다음 그림과 같은 대화상자가 표시된다.

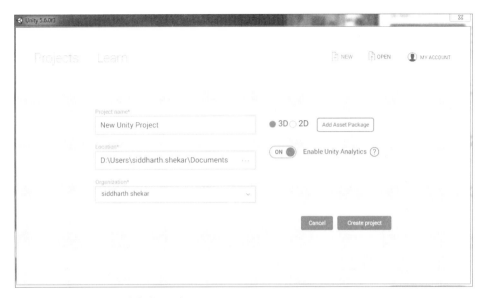

그림 3.3 새 프로젝트 마법사의 세부 옵션

프로젝트 이름을 입력하고 경로 위치를 선택한다. 2D와 3D를 선택하는 간단한 옵션이 있는데, 여기에서는 3D 게임을 만들어야 하므로 3D를 선택한다. 다음 그림을 참고한다.

그림 3.4 프로젝트 유형을 선택하는 2D와 3D 옵션

이 토글 옵션은 프로젝트가 2D인지 또는 3D인지 지정한다. 이 옵션은 프로젝트 자체에 영향을 주지는 않지만, 작업 흐름이 수월하게 이뤄지도록 기본 프로젝트 설정을 변경한다. 예를 들어 3D 모드에서는 이미지 에셋을 프로젝트로 가져오면 유니티가 이를 텍스처로 인식하지만, 2D 모드에서는 이를 스프라이트로 인식한다. 나중에 모드를 변경할 수 있지만, 프로젝트를 생성할 때도 적절한 모드를 선택해야 한다. 기본적으로 유니티는 3D 모드로 프로젝트를 생성한다.

프로젝트 이름을 Free Fighter로 지정하고 **Create Project** 버튼을 클릭한다. 그러면 몇 가지 미리 정의된 에셋을 가져오고 유니티 인터페이스 편집기가 시작된다. 비어 있는 씬이 새로 생성되며 **Hierarchy** 패널에 Main Camera와 Directional Light라는 두 게임오브젝트를 볼 수 있다. 이들 게임오브젝트에 대해서는 나중에 게임의 카메라와 조명에 대해 소개하는 절에서 자세히 알아보겠다.

이 비어 있는 씬에서 가장 먼저 할 일은 플레이어 캐릭터 모델을 가져오는 일이다. 다음 절에서는 모델에 대한 기본적인 사항을 알아보자.

▌ 3D 모델 가져오기

3D 모델링과 유니티3D 기능에 대한 자세한 내용을 알아보기 전에 3D 모델에 대한 기본적인 사항을 알아보자. 컴퓨터 그래픽에서 3D 모델링이란 물체의 3차원 표면을 3D 모델링 소프트웨어를 활용해 수학적 및 시각적으로 구성하는 과정을 말한다. 그리고 이런 작업의 결과물을 3D 모델(또는 간단히 모델)이라고 한다. 3D 모델에 대한 흥미로운 사실 하나는 3D 모델 자체는 3차원이지만 컴퓨터나 노트북의 화면은 2차원 표면이므로, 3D 모델을 2D 화면에 표시하는 데 어려움이 따른다는 점이다. 따라서 3D 모델을 2D 이미지로 표시하기 위한 프로세스가 필요하며, 이 프로세스를 **3D 렌더링**이라고 한다. 여기에 유니티3D를 비롯한 3D 소프트웨어 툴이 사용된다. 이 렌더링 프로세스는 관찰자가 상상하는 현실적인 이미지를 생성하기 위해 조명과 카메라를 사용한다. 3D 모델에 대한 세부적인 내용은 파고들면 끝이 없지만 이 책에서 모두 다루는 것은 적합하지 않다. 이 책에서는 유니티에서 3D 게임을 개발하기 위해 알아야 할 내용으로 모델과 모델링 툴에 대해서만 알아본다.

3D 모델링은 오브젝트의 3D 표면을 나타내는 수학적 표현을 생성하는 작업이다. 3D 모델은 게임의 주요 에셋이며, 게임에 등장하는 캐릭터, 건물, 가구 등을 나타내는 3D 모델을 포함할 수 있다. 모델 파일은 이러한 모델을 애니메이션하기 위한 애니메이션 데이터도

포함할 수 있다. 유니티는 이러한 애니메이션 데이터를 애니메이션 클립으로 가져온다. 유니티는 3D 모델 제작을 위한 툴이 아니라 게임을 개발하기 위한 게임 엔진이므로 유니티에서 3D 모델을 만들 수는 없으며, 다른 툴에서 제작한 모델을 유니티로 가져와서 사용해야 한다. 현재 시장에서 구매할 수 있는 3D 모델링 소프트웨어 패키지는 아주 다양하다.

유니티에서 메시를 가져오려면 외부 소프트웨어에서 **내보낸 3D 파일** 형식을 사용하는 방법과 **전용 3D 애플리케이션** 파일을 사용하는 두 가지 방법이 있다. 유니티는 외부 소프트웨어에서 내보낸 .fbx, .dae, .3DS, .dxf, .obj 파일 형식을 읽을 수 있다. 내보낸 3D 파일 형식을 사용할 때의 장단점은 다음과 같다.

장점

- 필요한 데이터만 내보낼 수 있다.
- 데이터를 확인할 수 있다(3D 패키지에서 가져올 수 있다).
- 파일 크기가 작다.
- 모듈식 접근을 장려한다. 예를 들어 충돌 감지와 상호작용에 각기 다른 컴포넌트를 사용할 수 있다.
- 지원되지 않는 기본 파일 형식을 사용하는 3D 패키지도 사용할 수 있다.

단점

- 프로토타입 제작과 반복 과정이 번거로울 수 있다.
- 원본(작업 파일)과 게임 데이터(예: 내보낸 FBX) 간의 버전 관리가 어려울 수 있다.

두 번째 파일 형식은 3D 스튜디오 맥스나 블렌더^{Blender}의 .Max 및 .Blend 같은 전용 3D 애플리케이션 파일을 사용하는 것이다. 유니티는 맥스, 마야, 블렌더, 시네마4D, 모도^{Modo}, 라이트웨이브^{Lightwave}, 치타3D^{Cheetah3D} 등의 전용 파일도 가져올 수 있다. 전용 3D 애플리케이션 파일의 장단점은 다음과 같다.

- 반복 프로세스 속도가 빠르다.
- 프로세스가 간소하다.

단점

- 유니티 프로젝트를 사용하는 모든 시스템에 소프트웨어를 설치해야 한다.
- 불필요한 데이터 때문에 파일이 커질 수 있다.
- 큰 파일 때문에 유니티 업데이트 속도가 느려질 수 있다.
- 유효성 검사를 적게 하므로 문제 해결이 어려워질 수 있다.

3D 모델

3D 모델은 삼각형, 선, 곡면 등의 기하학적 기본형 모음을 사용해 구성한 물리적 물체를 나타낸다. 다음 그림은 3D 모델을 만드는 데 사용되는 여러 기본형을 보여준다.

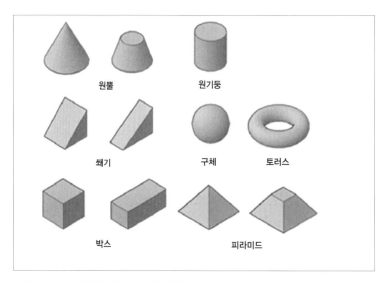

그림 3.5 3D 모델링에 사용되는 여러 기본형

모든 3D 모델과 물체는 이러한 기본적인 모양과 물체를 조합, 수정, 변형하는 등의 방법으로 만든다. 다음 그림은 포토샵이나 김프 같은 2D 그래픽 툴에서 이미지를 편집할 때 내부적으로 사용하는 여러 2D 기본형을 보여준다.

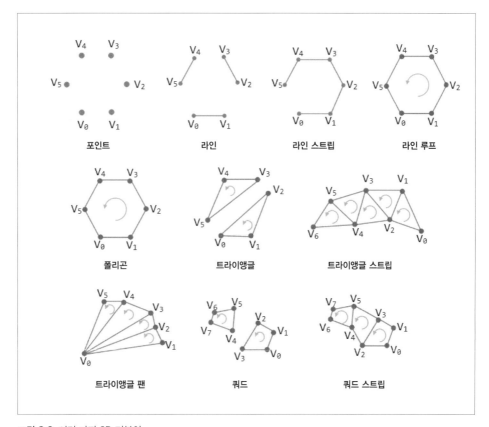

그림 3.6 여러 가지 2D 기본형

모델링 툴

지금까지 3D 모델에 대한 기본적인 내용을 설명했다. 다음은 모델링 툴에 대해 알아보자. 3D 모델을 만들려면 오토데스크 마야, 오토데스크 3D 스튜디오 맥스, 블렌더 등과 같은 수준 높은 상용 툴을 사용해야 한다. 이러한 툴은 3D 모델을 애니메이션하고, 이미지나 비디오 형식으로 렌더링하며 모델 파일로 직접 내보내는 등의 다양한 기능을 제공한다.

다음은 많이 사용되는 3D 모델링 툴과 해당 라이선스 유형을 정리한 도표다.

표 3.1 3D 모델링 툴

제품 이름	라이선스 유형
오토데스크 마야	상용
오토데스크 3D 스튜디오 맥스	상용
시네마 4D	상용
치타 3D	상용
블렌더	무료GPL(General Public License)

유니티3D는 고급 모델링 툴은 아니지만 몇 가지 기본형을 지원하며 기본적인 모델링 기능도 제공한다. 그러나 유니티3D에서 3D 게임이나 대화식 환경을 만들려면 더 정교한 3D 모델이 필요하다. 따라서 유니티3D는 거의 모든 종류의 3D 모델 파일을 유니티로 가져와서 맞춤 구성하고 프로그래밍을 통해 게임에 활용할 수 있게 해준다. 이러한 유연성은 다른 2D나 3D 게임 엔진과 비교할 때 유니티3D의 장점 중 하나다. 유니티3D는 모델을 가져올 때 두 가지 종류의 파일을 지원한다.

1. 내보낸 3D 파일 형식(예: .fbx, .dae, .obj)
2. 모델링 툴의 전용 3D 애플리케이션과 툴 파일 형식(예: .max, .mb)

내보낸 파일은 일반적으로 파일 크기가 작고 내보낼 때 유니티3D에서 사용할 데이터를 선택할 수 있다. 유니티3D는 실시간 렌더링을 최적화하고 성능을 향상시키기 위해 이러한 유형의 파일 형식을 권장한다.

두 번째 파일 형식은 마야나 3D 스튜디오 맥스 같은 툴의 전용 원본 파일이다. 이러한 파일의 가장 큰 장점은 이러한 모델을 편집한 후 유니티로 바로 다시 가져올 수 있으므로 게임의 테스트 반복 프로세스가 간소해진다는 점이다. 다만 이 경우 유니티3D와 모델 파일을 사용하는 모든 시스템에서 이러한 모델링 툴의 라이선스가 필요하다. 전용 파일은 파일 크기가 큰 경우가 많으며 유니티로 개발한 게임을 배포할 때 권장되지 않는다.

 유니티3D에서 가장 권장하는 파일 형식은 애니메이션과 텍스처를 직접 삽입할 수 있는 FBX 파일이다.

유니티3D로 3D 모델 가져오기

지금까지 3D 모델과 모델링 툴에 대해 간단히 알아봤다. 다음으로 3D 모델을 유니티로 가져오는 과정을 자세히 알아보자. 스프라이트, 이미지, 사운드 등을 가져올 때의 방법을 생각하면, 3D 모델 파일을 모두 프로젝트의 Assets 폴더에 넣는 방법을 생각할 수 있지만, 이렇게 하면 유니티3D의 가져오기 프로세스와 관련된 여러 개념과 설정 때문에 오히려 문제가 복잡해진다.

이 절에서는 FBX 형식으로 저장된 3D 모델을 유니티로 가져오는 과정을 정리한다. FBX 형식은 건물, 건축, 자동차, 엔지니어링 모델링 등의 CAD/CAM용 소프트웨어인 AutoCAD에서 주로 사용되는 형식으로, 다른 대부분의 주요 3D 모델링 툴에서도 모델을 .fbx 포맷으로 내보내는 기능을 지원한다. FBX 파일의 가장 큰 장점은 내보낼 데이터의 종류를 선택할 수 있다는 점이다. 이러한 데이터에는 메시, 메시 애니메이션, 리깅, 본 애니메이션 등이 포함된다. 여기에서는 **The Free 3D Models**[t3fm] 웹사이트에서 무료로 제공하는 간단한 농장주택 모델을 사용한다.

그림 3.7 농장주택 모델

먼저 유니티에서 3D Free Fighter 프로젝트를 연다. **Project** 패널에서 Assets 폴더를 볼 수 있다. Assets 폴더를 마우스 오른쪽 버튼으로 클릭하고 Models라는 폴더를 새로 만든다. 모델을 유니티3D로 가져오는 방법은 여러 가지다. **Assets** 메뉴에서 **Import New Asset...** 메뉴 항목을 선택하고 Farmhouse.fbx 파일을 가져온다.

다음 그림에서 전체 과정을 볼 수 있다.

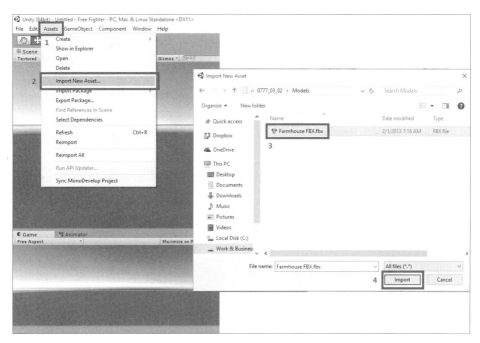

그림 3.8 유니티3D로 3D 모델 가져오기

가져온 파일은 Models 폴더에서 볼 수 있다. 그런데 다음 그림에서 나오는 것처럼, Project 패널에 모델 파일과 함께 Materials라는 폴더가 자동으로 생성됐음을 볼 수 있다.

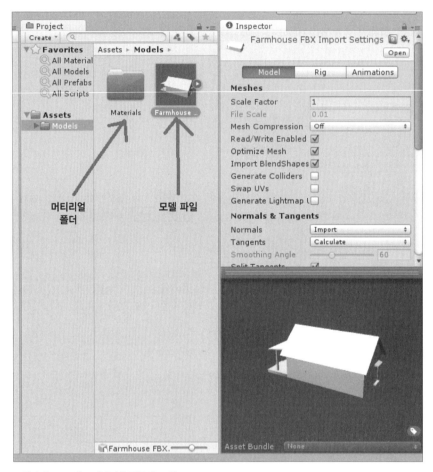

그림 3.9 프로젝트 패널의 농장주택 모델

이제 유니티로 가져온 모델을 게임에서 사용할 수 있다. 가장 간단한 방법은 이미지와 스프라이트를 유니티3D로 추가할 때와 비슷하게 모델을 씬으로 드래그하는 것이다. 그런데 씬에 추가된 모델을 보면 색상이 표시되지 않고, 다음 그림과 같이 흰색과 회색으로만 표시되는 것을 알 수 있다.

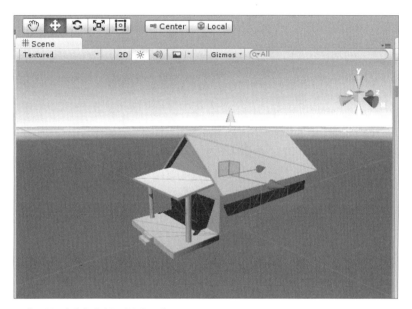

그림 3.10 씬에 추가된 농장주택 모델

유니티3D에서 텍스처와 머티리얼에 해당하는 색상이 사라진 이유는 이 모델의 .FBX 파일에 메시만 포함돼 있기 때문이다. 텍스처와 머티리얼은 모델과는 별도로 저장돼 있으며 모델 자체에 삽입할 수 있다. 유니티3D에서는 이러한 파일을 분리하는 것이 좋다.

 Assets 폴더에 모델 파일을 넣으면 유니티3D가 자동으로 이를 가져온다.

모델 파일은 캐릭터, 건물 등 어떠한 3D 모델이라도 포함할 수 있으며, 이 사례에서는 농장주택 모델을 유니티로 가져왔다. 가져온 모델은 씬 뷰나 Hierarchy 패널에 모델 프리팹의 게임오브젝트로 표시되는데, 이 프리팹은 모델을 가져올 때 유니티3D가 자동으로 생성한 것이다. 이 게임오브젝트는 메시, 조명 등의 모든 모델 데이터를 자식 오브젝트로 포함한다. 다음 그림은 Hierarchy 패널에 표시된 농장주택 모델의 게임오브젝트 계층을 보여준다.

그림 3.11 농장주택 모델 프리팹 오브젝트 계층

유니티로 모델을 가져온 후 여러 가지 문제가 발생할 수 있다. 일부 모델은 너무 작거나 반대로 회전된 상태로 표시될 수 있다. 이러한 문제는 모두 모델의 설정이 원인이다. 즉 다른 툴에서 제작한 모델이므로, 비율과 씬 설정의 차이 때문에 이러한 문제가 발생한다.

모델을 사용하기 전에 Inspector 패널에 나오는 프로퍼티를 통해 이러한 설정을 맞춤 조정할 수 있다. 가져온 모델을 Assets 디렉터리에서 선택하면 다음 그림에 나오는 것처럼 Inspector 패널에 몇 가지 설정이 표시된다.

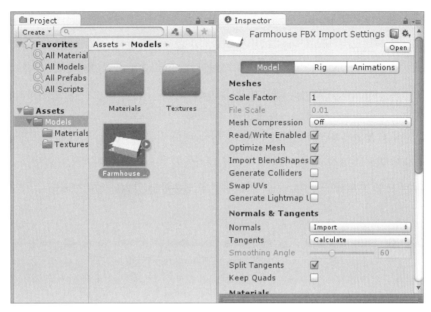

그림 3.12 농장주택 모델 설정

이 그림에 나오는 것처럼 모델 파일의 데이터는 Model, Rig, Animations의 세 탭에 포함돼
있다. Model 탭에는 메시, 머티리얼, 그리고 모델 자체와 관련된 데이터가 포함된다. Rig
탭과 Animations 탭은 모델 파일 자체에 삽입된 애니메이션 데이터나 유니티3D의 다른 애
니메이션 기능을 이용해 모델에 애니메이션을 적용하는데 사용된다. 이러한 세부 사항은
3장의 뒷부분에서 알아본다. Model 탭에 나오는 설정은 아주 많지만 여기에서는 유니티
3D에서 FBX 모델을 가져올 때 많이 사용되는 중요한 설정에 대해서만 알아보자.

1. Scale Factor: 비율scale factor은 유니티의 단위 시스템과 모델을 제작한 툴의 단위
   시스템 간의 차이를 조정하는데 사용된다. 유니티3D에서 사용되는 한 단위는 일
   반적으로 1미터를 의미한다. 따라서 배율을 적절하게 조정해야 하며 일반적으로
   1로 설정한다.

2. Generate Colliders: 이 옵션을 선택하면 모델에 대한 충돌을 감지하는 콜라이더를 자동으로 생성한다. 그런데 충돌 감지를 처리하는데 시간이 많이 걸리는 메시 콜라이더를 생성한다는 점에 주의하자. 원한다면 유니티에서 메시 콜라이더를 사용자 지정하거나 새로 만들 수 있다.

이 두 설정을 잘 조정하면 모델을 사용 가능한 상태로 만들 수 있다. 그런데 이 모델은 아직 한 가지 색으로 표시되며, 여기에 적용할 텍스처와 머티리얼은 가져오지 않았다. 다음 절에서는 모델 오브젝트에 텍스처와 머티리얼을 적용하는 방법을 알아보자.

 3D 모델을 가져올 때 기본 비율은 파일 형식에 따라 다르다. .fbx, .max, .jas, .c4d는 0.01 이고, .mb, .ma, .lxo, .dxf, .blend, .dae는 1이며, .3ds는 0.1이다.

FBX 모델 가져오기

FBX는 필름박스의 줄임말이며, 여러 유명한 3D 애플리케이션에서 모델을 FBX 파일로 저장할 수 있다. 모델을 내보낼 때는 메시, 카메라, 조명, 애니메이션 리깅 등과 같은 내보내는 데이터의 범위에 주의해야 한다.

1. 3D 애플리케이션에서 한 객체 또는 전체 씬을 내보내는 옵션을 제공하는 경우가 많다.
2. 따라서 오브젝트를 내보내기 전에 원하는 오브젝트만 선택하거나 필요 없는 오브젝트를 씬에서 제거해야 한다.
3. 또한 작업 파일에서는 조명, 가이드, 컨트롤 리깅 등을 모두 사용하더라도 오브젝트를 내보낼 때는 내보내기 사전 설정이나 사용자 지정 씬 익스포터를 사용해 필요한 오브젝트만 내보내는 것이 좋다.

다음 그림은 OBJ와 FBX 간의 차이를 정리한 도표다.

	메시 및 애니메이션			
	메시	메시 애니메이션	리깅	본 애니메이션
OBJ	예	아니요	아니요	아니요
FBX	예	예	예	예

 유니티 에셋 스토어에는 게임에서 손쉽게 활용할 수 있는 다양한 3D 모델이 무료 또는 유료로 제공된다. 완성도 높은 3D 모델을 판매하거나 무료로 제공하는 인터넷 웹사이트(예: http://tf3dm.com)도 많다.

이 사례에서는 3D 맥스에서 제작한 모델을 FBX 형식으로 내보낸 후 유니티로 가져왔다. 이 모델에는 메시만 포함돼 있음을 기억하자. Project 패널을 마우스 오른쪽 버튼으로 클릭하고 Import New Asset... 메뉴 옵션을 클릭한 후 이 FBX 모델을 찾아 선택하고 Import 버튼을 클릭한다. 유니티가 제공하는 드래그 앤 드롭 기능을 활용해 FBX 모델 파일을 직접 Project 패널로 드래그하기도 가능하다. 다음 그림은 Import New Asset... 버튼을 클릭하고 모델을 씬으로 가져오는 방법을 보여준다.

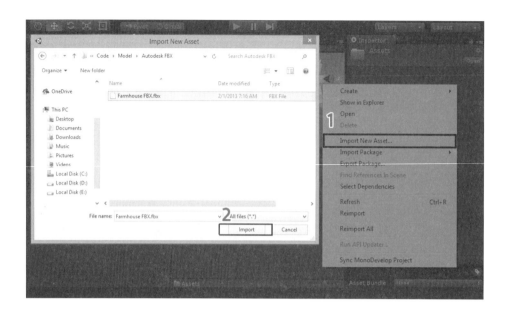

Project 패널을 좀 더 체계적으로 정리하려면 에셋 루트에 Model이라는 빈 폴더를 만든 다음 FBX 파일과 Materials 폴더를 Model 폴더로 드래그한다. 다음 그림은 Model 폴더에 FBX 모델을 드래그한 결과를 보여준다.

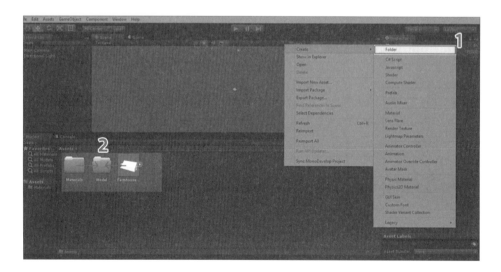

Model 폴더에서 Farmhouse FBX.fbx 파일을 Hierarchy 패널로 드래그한다. 모델이 너무 작게 표시되는 경우 모델의 배율이 작다는 의미이므로 Project 패널에서 Farmhouse FBX. fbx의 배율을 조정한다. Inspector 패널에서 Model, Rig, Animations의 세 탭이 있으며 기본적으로 Model 탭이 선택돼 있다. Scale Factor의 값을 1에서 원하는 값(예: 10)으로 변경하고 Model 탭 끝의 Apply 버튼을 클릭한다.

다음 그림은 모델의 배율을 조정하는 Inspector 패널을 보여준다.

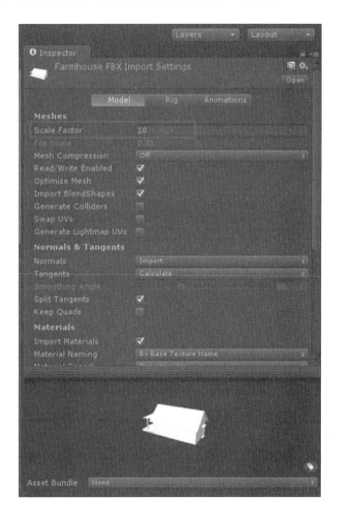

▌ 텍스처 및 머티리얼 적용

3D 모델링에서 텍스처와 머티리얼은 모델에 활력을 부여하지만 제대로 적용하기 까다로울 수 있다. 3D 모델링 툴은 모델러와 디자이너가 함께 작업하면서 멋진 텍스처를 제작하고, 이를 간단한 이미지에서 3D 모델로 변환하는 과정을 상당히 유연한 방식으로 지원한다. 그래픽과 디자인의 관점에서 모델을 시각화하는 데는 텍스처, 셰이더, 머티리얼의 세 가지 요소가 필요하다. 유니티3D는 이러한 세 요소를 사용자 지정해 정확히 원하는 모델을 만들 수 있는 다양한 옵션을 제공한다. 이러한 세 요소는 서로 연결돼 있으며 유니티에서 개별적으로 변경하면서 실시간으로 모델에 대한 결과를 확인할 수 있다. 다음 그림은 세 요소가 어떻게 연결되는지 보여준다.

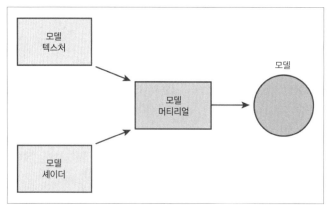

그림 3.13 텍스처, 셰이더, 머티리얼 간의 연결

이 그림을 보면 텍스처는 곧바로 모델에 적용되지는 않는다는 점을 알 수 있다. 즉 텍스처가 적용된 머티리얼이 모델에 적용된다. 머티리얼에는 모델이 컴퓨터 화면의 2D 환경에서 3D처럼 보이게 하는 여러 프로퍼티가 적용된다. 다음 절에서 이러한 각 요소에 대해 간단히 알아보자.

텍스처

일반적으로 메시 오브젝트는 모델의 개략적인 모양을 정의하지만 관찰자의 관점에서 모델의 실제 겉모습을 정의하는 것은 바로 텍스처다. 즉 모델 메시의 표면에 적용되는 비트맵 이미지다.

다음 그림을 보면 쉽게 이해할 수 있다.

그림 3.14 3D 모델과 텍스처

텍스처 임포터

모든 텍스처는 이미지 형식으로 Project 폴더에 저장된다. 유니티로 텍스처를 가져온 후 Project 패널에서 해당 텍스처를 선택하면 Inspector 맨 위에 나오는 옵션으로 텍스처 형식을 변경할 수 있다. 선택할 수 있는 텍스처 형식은 다음 표를 참고한다.

프로퍼티:		기능:
텍스처 형식		텍스처의 용도에 따라 기본 매개변수를 설정하려면 선택한다.
	텍스처	모든 텍스처에서 일반적으로 사용되는 가장 흔한 설정
	노멀 맵	색상 채널을 실시간 노멀 매핑에 적합한 형식으로 바꾸려면 선택한다.
	편집기 GUI	텍스처가 HUD/GUI 컨트롤에 사용되는 경우 선택한다.
	스프라이트 (2D 및 UI)	2D 게임에서 스프라이트로 사용하려면 이 형식을 선택한다.
	큐브맵	큐브맵은 반사 효과를 구현하는 데 많이 사용된다.
	쿠키	조명에 사용되는 기본 매개변수로 텍스처를 설정한다.
	고급	텍스처에 특정 매개변수가 있고 텍스처를 완전하게 제어하려는 경우 선택한다.

셰이더에 텍스처 적용

오브젝트에 사용하는 셰이더에 따라 필요한 텍스처에 특정한 요건이 적용되지만 기본적으로는 어떤 이미지라도 프로젝트에 추가할 수 있다. 즉 크기 요건만 충족되면 유니티로 가져와서 최적화할 수 있다.

텍스처를 셰이더에 사용하는 단계는 다음과 같다.

1. Model을 선택하면 셰이더가 Inspector 패널에 표시된다.
2. 셰이더에서 Texture 버튼을 클릭한다.
3. 원하는 텍스처를 선택하면 3D 모델에 텍스처가 적용된다.

다음 그림을 참고한다.

> 유니티는 텍스처의 원본으로 PSD, TIFF, JPG, TGA, PNG, GIF, BMP, IFF, PICT 파일 형식을 읽을 수 있으며, 다중 레이어 PSD와 TIFF 파일도 읽을 수 있다.

셰이더

컴퓨터 그래픽의 개념 중 셰이더는 초보자가 이해하기에는 약간 어려울 수 있다. 텍스처가 3D 모델의 표면과 메시에 무엇을 그릴지 알려준다면 셰이더는 이러한 텍스처를 그리는 방법을 알려준다. 그림 3.13에서 머티리얼은 텍스처와 셰이더를 합친 개념이라고 했다. 머티리얼은 프로퍼티와 텍스처를 포함하며, 셰이더는 머티리얼이 가질 수 있는 프로퍼티를 결정한다. 이 개념을 이해하는데 도움이 되는 예제를 살펴보자. 나무 조각이 하나 있다고 가정해보자. 나무 조각의 형태는 3D 모델의 메시 오브젝트이며, 표면 색상, 나뭇결 패턴 및 다른 시각적 요소는 3D 모델의 텍스처다. 그런데 이 나무 조각이 물속에 있으면 원래 모양과는 약간 다르게 그려야 한다. 여전히 메시와 텍스처는 동일하지만 물속에 있을 때는 다르게 그려야 한다. 유니티3D에서는 환경에 의한 이러한 시각적 차이를 셰이더를 통해 정의한다. 이 사례에서는 물이 셰이더가 된다. 이러한 셰이더를 만들고 지정하는 방법은 이 책의 뒷부분에서 설명한다.

머티리얼

머티리얼은 간단하게 말해 표면을 렌더링하는 방법을 정의한다. 즉 단순하게 텍스처와 셰이더를 포함하는 컨테이너가 아니며, 셰이더 자체에 적용되는 여러 프로퍼티를 적용하고 텍스처를 참조해 모델의 최종적인 외형을 결정한다. 다음 그림은 서로 다른 셰이더를 사용할 때의 차이를 보여준다.

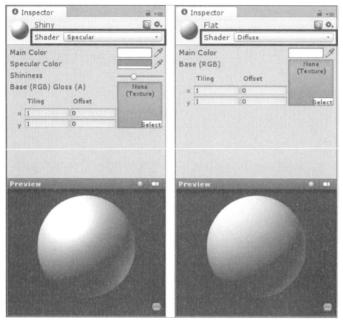

그림 3.15 유니티에서 서로 다른 셰이더를 사용하는 머티리얼

왼쪽 머티리얼은 스페큘러specular 셰이더를 사용하므로 밝게 빛나는 부분이 있다. 반면 오른쪽 머티리얼은 디퓨스diffuse 셰이더를 사용한다. 두 셰이더는 색상, 기본 텍스처 등의 공통적인 프로퍼티를 사용한다. 유니티는 여러 기본 셰이더를 제공하며, 필요한 경우 모델의 외형을 더 세부적으로 정의할 수 있는 사용자 지정 셰이더를 직접 제작하는 경우도 가능하다.

농장주택 모델에 텍스처 적용

지금까지 텍스처, 셰이더, 머티리얼을 간단하게 소개하고 이러한 요소가 어떻게 상호 연결되는지 알아봤다. 그런데 씬으로 가져온 농장주택은 아직 회색으로 표시되고 있음을 잊지 말자. 이제부터 이 모델에 텍스처를 적용해 머티리얼을 완성해야 한다. 유니티는 아주 손쉽게 모델에 텍스처를 적용할 수 있게 해준다.

Assets 폴더에 Textures라는 폴더를 새로 만든 후, 파일 탐색기를 이용하거나 드래그하는 방법으로 다음 그림의 이미지 파일을 방금 만든 폴더로 드래그한다.

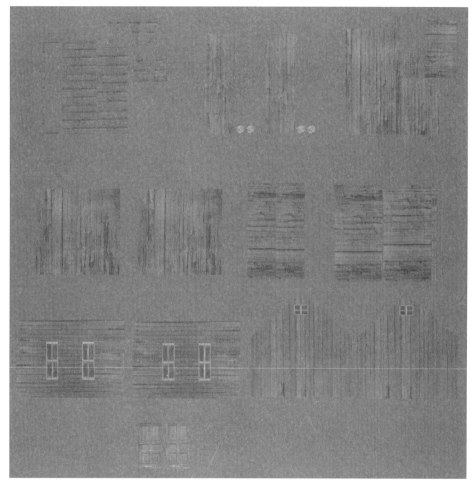

그림 3.16 농장주택 모델의 텍스처 이미지

이미지 파일을 Textures 폴더로 가져온 다음에는 이를 Scene 뷰에 있는 모델에 적용해야
한다. 텍스처를 Scene 뷰의 모델에 드래그하면 유니티가 자동으로 내부 처리를 수행하고
머티리얼을 생성한다. 물론 요건에 따라 텍스처를 사용자 지정할 수 있다. 다음 그림은 텍
스처를 머티리얼로 적용하는 과정을 보여준다.

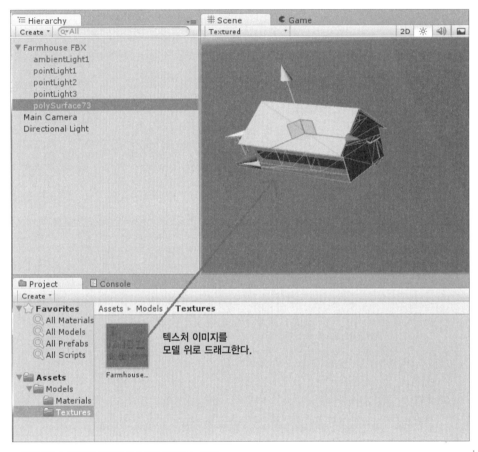

그림 3.17 농장주택 모델에 텍스처를 적용하는 방법

텍스처를 적용하면 농장주택이 방금 전보다 훨씬 현실적으로 표시되는 것을 볼 수 있다. 다음 그림은 텍스처를 적용하기 전과 적용한 후의 모양과 Inspector 패널에 나오는 프로퍼티의 차이를 보여준다.

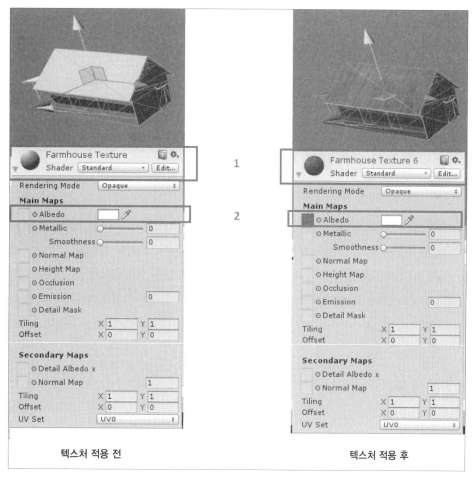

그림 3.18 텍스처를 적용하기 전과 후 비교

텍스처를 적용하기 전에는 표준 셰이더를 적용한 텍스처를 적용하며 흰색이 선택돼 있는 것을 볼 수 있다. 텍스처를 적용하면 유니티가 텍스처에 번호를 지정한 이름을 붙인다(그림에서는 Farmhouse Texture 6으로 지정). 이 그림에서 1번으로 표시된 부분이 셰이더다. 2번으로 표시된 Albedo 프로퍼티도 텍스처 적용 전에는 비어 있었지만 텍스처 이미지로 채워졌음을 볼 수 있다. Albedo 옆에 있는 작은 사각형 견본을 클릭해 텍스처를 적용할 수도 있다. 그러면 에셋 탐색기 패널 팝업이 표시되며 여기에서 텍스처를 선택해 모델에 적용할 수 있다.

범용 리깅과 인간형 리깅

지금까지 모델에 대한 기본 사항과 유니티3D로 이러한 모델을 가져오는 방법을 설명했지만, 게임 엔진에 어떤 모델이 선호되는지는 아직 살펴보지 않았다. 모델은 텍스처를 입힌 간단한 큐브부터 집이나 가구, 캐릭터와 외계인, 우주선이나 행성 등 어떤 모양이라도 될수 있다. 그런데 대화식 스토리라인에 중점을 두는 대부분의 게임에서는 다양한 감정과 표정을 가진 인간형 캐릭터가 많이 사용된다. 유니티3D에서는 아주 손쉽게 캐릭터 모델을 관리하고 애니메이션할 수 있는 유연하고 강력한 기능을 제공한다.

인간형 캐릭터

인간형humanoid이라는 용어 자체가 의미하듯이 인간형 캐릭터는 인간의 형태를 가진 캐릭터를 의미한다. 반드시 인간을 의미하는 것은 아니지만 인간의 형태를 가진 캐릭터여야 한다. 원숭이 모델이 인간형의 좋은 예이며, 두 다리를 가진 외계인도 될 수 있다. 대부분의 게임에 인간형 모델이 포함되므로, 유니티3D는 인간형 모델을 손쉽게 다룰 수 있는 강력한 기능을 제공한다.

인터넷에서 다양한 인간형 모델을 유료나 무료로 구할 수 있으며, 포저^{Poser}, 메이크휴먼^{MakeHuman}, 믹사모^{Mixamo} 등의 툴을 사용해 직접 인간형 모델을 만들 수도 있다. 이러한 툴 중에는 모델에 피부를 붙이는 스키닝 기능이나 리깅^{rigging}을 지원하는 툴도 있다.

 리깅은 간단하게 말해 3D 모델에 골격을 추가하고 뼈를 연결하는 프로세스를 의미한다.

에셋 스토어에서도 남자, 여자, 노인, 전사 등의 다양한 유형의 인간형 모델을 유료 또는 무료로 구할 수 있다. 인간형 캐릭터는 일반적으로 골격, 피부, 근육, 의상용 텍스처 등을 포함한다. 골격은 실제 사람과 마찬가지로 인간형 캐릭터에서 중요한 역할을 하며, 동일한 골격을 이용해 다른 인간형 캐릭터의 자세를 바꿀 수도 있다. 다음 그림은 피부, 리깅, 근육이 적용된 간단한 인간 캐릭터를 보여준다.

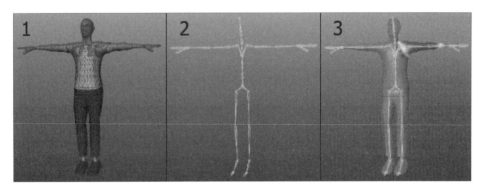

그림 3.19 피부 메시(왼쪽), 리깅(가운데), 근육(오른쪽)을 포함하는 인간 캐릭터

모든 인간형 캐릭터는 앞에서 본 그림 같은 리깅 구조를 가진다. 리깅에 대해서는 3장의 뒷부분에서 자세히 다루기로 하고, 일단은 유니티3D가 인간형 캐릭터 모델을 지원하기 위해 제공하는 기능과 이 기능을 사용하는 방법을 알아보자. 이 과정을 따라하기 위해 유니티 에셋 스토어에서 무료로 구할 수 있는 캐릭터 모델을 사용해보자.

유니티 에셋 스토어(http://assetstore.unity3d.com)는 곧바로 사용할 수 있는 툴킷, 애드온, 확장, 코드 등을 유료로 판매하거나 무료로 공개하는 온라인 시장이라고 할 수 있다.

인간형 모델 가져오기

인간형 모델을 유니티로 가져오는 방법부터 알아보자. 우선 Humanoid Character라는 빈 프로젝트를 새로 만들어야 한다.

모델을 가져오는 과정에서는 인간형 모델도 다른 모델과 다른 점이 없다. 인간형 모델도 앞의 절에서 알아본 FBX, MB, 3DS 등의 간단한 파일 형식의 모델이다. 이러한 파일을 유니티로 가져오려면 간단하게 파일 탐색기에서 파일을 유니티로 드래그하거나 Import New Asset... 메뉴 항목을 선택해서 수동으로 가져오면 된다. 이 예제에서는 유니티 에셋 스토어에서 무료로 받을 수 있는 모델을 사용한다. 이 에셋의 이름은 Raw Mocap Data for Mecanim이며 https://www.assetstore.unity3d.com/en/#!/content/5330에서 받을 수 있다. 이 에셋에는 유니티가 직접 개발한 캐릭터 모델과 전진, 후진, 점프, 기어가기 등의 다양한 애니메이션의 컬렉션이 들어있다. 브라우저에서 이 URL로 이동하고 Open in Unity 버튼을 클릭하면 다음 그림에서 보듯이 유니티3D가 실행되고 Asset Store 패널에 이 애셋이 표시된다.

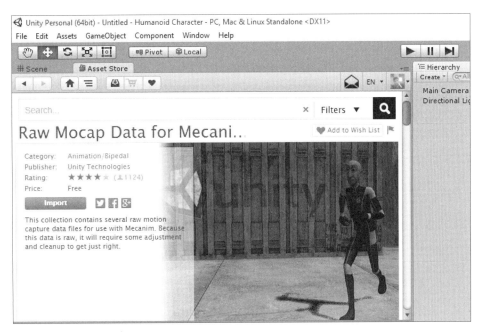

그림 3.20 유니티3D의 유니티 에셋 스토어 패널

이 에셋을 이미 로컬 시스템에 다운로드했다면 Import 버튼이 표시되며, 아직 다운로드하지 않았다면 Download 버튼이 표시된다. 이 에셋을 다운로드하고 현재 유니티 프로젝트로 가져온다. 그러면 가져올 모든 파일의 목록을 보여주는 대화상자가 열린다. 이렇게 목록을 보여주는 이유는 새로 추가되는 파일과 에셋 패키지의 파일로 대체될 파일을 구분하기 위해서다. 다음 그림을 참고한다.

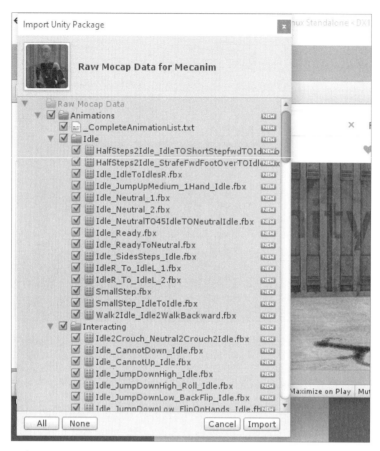

그림 3.21 Raw Mocap 데이터 파일

이 프로젝트는 빈 프로젝트이므로 모든 파일 옆에 NEW 표시가 나온다. 지금은 패널 왼쪽 아래에 있는 All 버튼을 클릭한 다음 Import 버튼을 클릭한다. 모든 에셋의 압축을 해제하고 프로젝트로 가져오는 데는 시간이 어느 정도 소요된다. 가져오기가 완료되면 Assets 폴더 에 Raw Mocap Data라는 폴더가 새로 생겼음을 확인할 수 있다. 다음 그림과 같이 가져 온 모든 파일과 에셋 데이터가 이 폴더에 저장돼 있다.

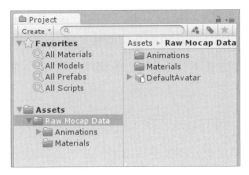

그림 3.22 에셋으로 가져온 Raw Mocap Data 파일

이 절에서는 모델과 설정에 대해서만 살펴보므로, Animations 디렉터리는 일단 무시한다. Raw Mocap Data 디렉터리를 보면 DefaultAvatar라는 모델이 있다. 이 모델은 유니티3D에서 가장 선호되는 FBX 파일이며, 이를 선택하면 다음 그림에 나오는 것처럼 Inspector 패널의 Rig 탭에 사전 정의된 여러 가져오기 옵션이 표시된다.

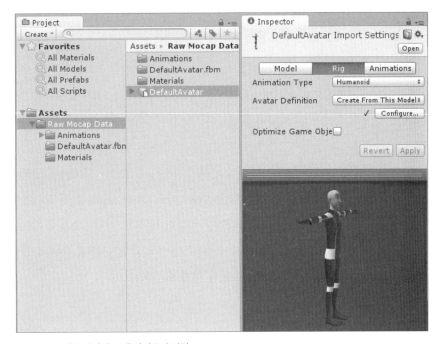

그림 3.23 기본 아바타 모델 가져오기 설정

이 모델에는 캐릭터의 피부와 의상을 보여주기 위한 여러 가지 머티리얼이 함께 제공되며, 모두 Materials 디렉터리에 포함돼 있다. 또한 Animations 디렉터리에는 애니메이션 리스트를 포함하는 텍스트 파일이 들어있다. 애니메이션에 대해서는 나중에 자세히 설명한다.

Inspector 패널에서 Rig 탭을 선택하고 다른 옵션에 대해 알아보자. Animation Type 옵션에 Humanoid가 이미 선택돼 있는 것을 볼 수 있다. 유니티는 모델 파일을 가져오면 모델의 리깅 구조를 미리 정의된 인간형 구조와 비교하고 모델의 유형을 감지한 후 자동으로 아바타를 생성한다. 이 미리 정의된 인간형 골격 구조에 대해서는 이후 절에서 알아보겠다. 정상적으로 일치하는 경우 Animation Type을 인간형을 의미하는 Humanoid로 설정하며, 그렇지 않으면 범용을 의미하는 Generic으로 설정한다. 이 밖에도 None과 Legacy 옵션이 있는데, None 옵션을 선택하면 모델에서 모든 리깅을 제거해 골격과 애니메이션을 없앤다. Legacy 옵션은 인간형 캐릭터를 처리하는 이전의 방식이며 이제는 권장되지 않는다. 물론 모델의 Animation Type 옵션을 수동으로 변경할 수도 있다. Generic 옵션은 유니티에 해당 캐릭터가 인간형이 아니라는 것을 알린다. 예를 들어 다리가 여섯 개인 외계인이나 특수한 거미, 말, 나무 등일 수 있다.

Animation Type 아래쪽에는 Avatar Definition 옵션이 있다. 유니티는 인간형 모델을 가져올 때 자동으로 해당 모델에 맞는 아바타를 찾는다. 유니티의 아바타는 모델을 움직이고 애니메이션 효과를 주기 위한 메시, 피부, 머티리얼을 제어하는 간단한 골격이다. 모델이 인간형이고 정상적인 리깅이 적용돼 있다면 유니티가 자동으로 모델의 아바타를 생성한다. 다른 모델의 아바타를 현재 모델로 복사하려면 Copy From Other Avatar 옵션을 사용할 수 있다. 이 복사 옵션을 선택하고 원본 아바타를 지정하면 현재 모델에 새로운 골격이 적용된다. 캐릭터의 리깅을 다른 캐릭터의 메시에 적용하는 방법과 비슷하다. 유니티3D의 아주 강력한 기능이며 잘 활용하면 캐릭터를 훨씬 쉽게 처리할 수 있다.

다음 옵션은 작은 체크 표시가 있는 Configure 버튼이다. 체크 표시는 이 모델이 사용 준비가 됐는지 알려준다. 즉 유니티가 모델로부터 성공적으로 아바타를 생성했는지 여부를 알려준다. Animation Type에 None 옵션을 선택한 후 다시 Humanoid 옵션을 선택해보면 Configure 버튼 옆에 세 개의 점 기호가 표시된다. 이것은 모델이 아직 구성되지 않았고, 아바타가 생성되지 않았다는 뜻이며, 유니티가 해당 모델 파일이 인간형인지 여부를 파악하지 못했다는 의미다. Apply를 클릭하면 유니티가 모델의 인간형 특징을 자동으로 감지하고 아바타를 생성한다. 모델이 인간형인 경우 아이콘이 다시 체크 표시로 바뀌지만, 그렇지 않으면 아이콘이 X자 표시로 바뀌며 모델이 제대로 구성되지 않았으며 인간형이 아니라는 사실을 알려준다.

다음 그림은 인간형 모델의 여러 가지 구성 상태를 보여준다.

그림 3.24 인간형 모델의 여러 가지 구성 상태

지금까지 살펴봤듯이 유니티는 모델이 인간형인지 여부를 자동으로 파악하며, 미리 정의된 인간형 리깅이 포함된 아바타를 생성하고 적용하는 방법으로 모델을 자동으로 구성한다. 그런데 유니티가 이러한 작업을 하는 방법이나 이를 통해 가능한 사용자 지정과 얻을 수 있는 혜택에 대해서는 설명하지 않았다. 다음 절에서는 유니티에서 캐릭터를 인간형으로 구성하는 방법과 자동 아바타 생성이 수행되는 방법을 알아본다.

인간형 모델의 아바타 구성

유니티에서 인간형 모델의 전체 리깅과 골격 구조를 정의하는 것은 아바타이므로 이를 제대로 구성하는 것이 매우 중요하다. 그런데 유니티가 자동 생성한 아바타에 전적으로 의존할 수는 없다. 따라서 아바타가 정상적으로 생성됐음을 의미하는 체크 표시 아이콘이 표시되더라도 아바타 구성 모드에서 아바타가 제대로 설정됐는지, 게임에 문제 없이 사용할 수 있는지 직접 확인해야 한다. 이 과정은 다음 절에서 살펴볼 캐릭터 애니메이션 기능인 메카님 시스템을 사용하는 데도 매우 중요하다.

앞의 그림에 나온 것처럼 Configure... 버튼을 클릭한다. 유니티는 씬을 아직 저장하지 않은 경우 저장할지 여부를 물어본 후, 다음 그림과 같이 새로운 씬을 연다.

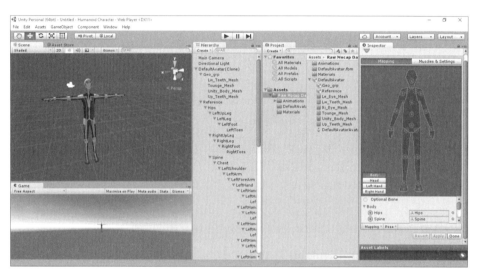

그림 3.25 아바타 구성 씬

새로운 씬이 열리고 씬 뷰 중앙에 캐릭터 모델이 배치됐음을 볼 수 있다. Inspector 패널에 다음 그림과 같이 2D 인체 모형이 표시되며 인체 관절에 해당하는 부위마다 녹색 원이 표시된다.

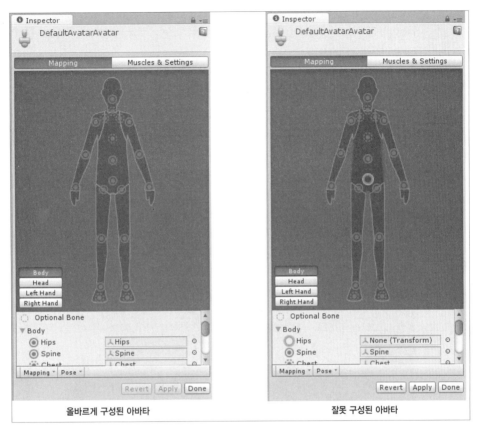

| 올바르게 구성된 아바타 | 잘못 구성된 아바타 |

그림 3.26 인간형 캐릭터의 아바타

Inspector 패널에서 이 영역은 Mapping과 Muscles & Settings의 두 탭으로 나뉘며, 첫 번째 탭이 기본으로 선택돼 있다. Mapping 탭에는 실선과 점선으로 표시된 녹색 원을 포함하는 인체 모형이 있다. 녹색 원은 모델의 뼈와 관절을 연결해 실제 사람과 비슷하게 움직이게 해준다. 실선으로 표시된 원은 반드시 뼈 게임오브젝트에 연결해야 하며, 하나라도 제대로 연결되지 않으면 그림 3.26의 오른쪽처럼 아바타가 제대로 구성되지 않고 빨간색 원이 표시된다.

모델을 제작할 때 골격에 신체 부위에 맞는 이름(예: LeftArm, RightForearm)을 붙이면 유니티가 아바타를 구성하는데 도움이 된다.

Inspector 패널의 인체 모형 왼쪽에는 Body, Head, Left Hand, Right Hand 버튼이 표시된다. 이러한 각 버튼을 클릭하면 다음 그림에서 보듯이 인체의 다른 세부 부위에 대한 관절의 정보를 지정할 수 있다.

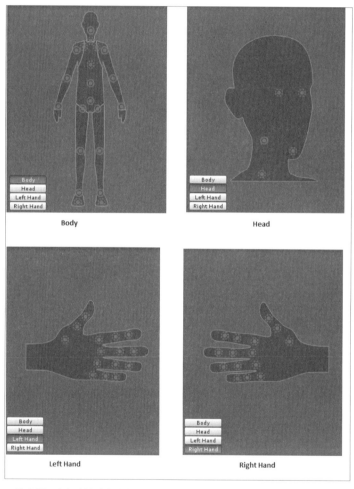

그림 3.27 인체 각 부위의 아바타 매핑

그림에서 보듯이 Body 부위를 제외한 다른 부위의 옵션은 모두 선택적이며, 유니티에서 인체의 거의 모든 부위를 지정할 수 있음을 알 수 있다. 선택적인 뼈는 유니티가 자동으로 매핑하고 애니메이션을 적용할 수 있지만, 필수적인 뼈는 반드시 모델에서 구성해야 한다. 모델링 툴에서 캐릭터의 리깅을 편집하면서 누락한 뼈가 있는 경우 유니티는 해당하는 부위를 빨간색 원으로 표시한다. 이 경우 개발자는 Hierarchy 패널에서 누락된 뼈에 해당하는 게임오브젝트를 선택하고 Inspector 패널의 뼈 목록에 배치해야 한다.

이제 씬 뷰를 보면 캐릭터에 T자 포즈로 표시되는 것을 알 수 있는데, 모델이 T자 포즈가 아닌 경우 유니티는 모델에 T자 포즈를 적용하라는 메시지를 Scene 뷰에 출력한다. T자 포즈는 유니티에서 뼈를 해당하는 게임오브젝트와 매핑하기 위한 기본 자세다. T자 포즈를 적용하려면 뼈의 게임오브젝트를 수동으로 회전하거나 다음 그림과 같이 Inspector 패널의 아래쪽 부분에 있는 Pose 드롭다운에서 Enforce T-Pose를 선택해 자동으로 T자 포즈를 적용할 수 있다.

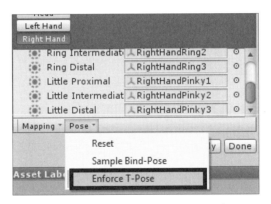

그림 3.28 Inspector 패널의 Enforce T-Pose 옵션

Enforce T-Pose 옵션을 선택하면 모델 오브젝트가 자동으로 T자 포즈로 재배치된다(모델의 뼈가 모두 올바르게 리깅되고 할당된 경우). 드롭다운에 포함된 다른 옵션 중 Reset은 모든 뼈를 재설정하고 아바타 구성을 처음 상태로 되돌리며, Sample Bind-Pose는 모델을 가져올 때와 같은 포즈로 되돌린다.

Inspector 패널 아래쪽의 Mappings 드롭다운에서 Automap 옵션을 선택하면 전체 매핑을 재설정하고, 유니티의 자동 아바타 구성을 사용할 수 있다.

항목을 수정한 후에는 Apply를 클릭해 변경을 적용하거나 Revert를 클릭해 변경을 되돌릴 수 있다. 구성과 아바타가 모두 준비되면, Done 버튼을 클릭해 아바타 씬을 닫고 원래 작업 씬으로 돌아갈 수 있다.

Muscles & Settings 탭에 대한 내용은 이 책의 범위를 벗어나지만, 궁금하다면 직접 살펴보는 것도 좋다. 이 탭에서는 뼈에 근육을 적용해 움직임을 제한할 수 있게 해준다. 예를 들어 머리뼈에 회전 가능한 범위를 적용해 완전히 회전할 수 없게 한다.

이제 모델을 가져오고 인간형 아바타로 올바르게 구성했다. 다음은 이 모델에 걷기, 뛰기, 점프 등의 간단한 애니메이션을 적용해 생동감을 불어넣어 보자. 다음 절에서는 유니티에서 애니메이션을 관리하는 방법과 애니메이션을 인간형 모델 오브젝트에 적용하는 방법을 알아보자.

▌유니티를 이용한 인간형 모델 애니메이션

어떤 게임에서든 애니메이션은 핵심적인 구성 요소다. 게임에 애니메이션이 없다면 게임에서 일어나는 일을 플레이어에게 효과적으로 전달하기 힘들 것이다. 애니메이션에 대해서는 '2장 활기찬 펭귄 2D 게임 마무리'에서 처음으로 간단하게 살펴봤지만, 3D 게임에서 애니메이션을 관리하는 작업은 2D 게임보다 훨씬 복잡하다. 이렇게 복잡한 이유는 원하는 애니메이션의 종류에 따라 다르지만 걷기나 달리기 같은 간단한 캐릭터 애니메이션을 만드는데도 많은 노력이 필요하며, 유니티만으로는 만들 수 없다. 이러한 애니메이션을 제작하려면 오토데스크 마야, 3D 스튜디오 맥스 등의 전문적인 툴이 필요하며, 애니메이션 제작 방법은 이 책의 범위를 벗어난다. 이 절에서는 이러한 애니메이션을 유니티로 가져오고, 프로그래밍과 상태 머신 컨트롤러를 이용해 게임에 필요한 캐릭터 애니메이션을 구현하는 방법을 알아본다.

유니티의 애니메이션 시스템에서는 블렌딩, 믹싱, 가산 애니메이션, 루프 애니메이션, 걷기 사이클 같은 시간 동기화, 애니메이션 레이어, 속도나 시간 등 요소 기반의 애니메이션 컨트롤 플레이, 물리 기반의 래그돌^{rag doll} 지원 등을 통해 수준 높은 애니메이션을 만들 수 있다. 또한 유니티는 작업을 효율적으로 수행할 수 있는 확장된 그래픽 사용자 인터페이스를 제공한다.

레거시 애니메이션 시스템

유니티 4.x 버전 이전의 유니티는 단순한 애니메이션 시스템을 제공했는데, 현재는 이 기능을 레거시 애니메이션 시스템^{Legacy Animation System}이라고 한다. 이 시스템은 하위 호환성을 위해 지금도 지원되며, 이전 프로젝트의 레거시 시스템은 새로운 시스템으로 업데이트하지 않아도 사용할 수 있지만, 새로운 프로젝트에는 레거시 시스템을 사용하지 않는 편이 좋다.

레거시 애니메이션 시스템은 더 이상 권장되지 않으므로 자세히 살펴볼 필요는 없지만, 간단한 사용 방법만 알아두자. 레거시 애니메이션 시스템은 다음과 같은 단계를 통해 애니메이션을 만들고 관리한다.

1. 애니메이션을 적용할 게임오브젝트를 준비한다. 예를 들어 격투 캐릭터에 애니메이션 효과를 주려면 모델을 제작하고, 리깅을 구성하며, 텍스처를 적용한 후 유니티로 가져와야 한다. 이 단계는 3D 모델러와 애니메이터에 의해 처리된다.
2. 유니티로 모델을 가져온 다음에는 모델을 선택하고 Inspector의 Rig 탭에서 Animation Type을 Legacy로 설정해야 한다.

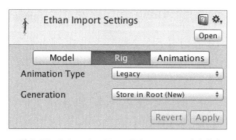

그림 3.29 Animation Type을 Legacy로 설정한다.

3. 다음은 **Animations** 탭에서 앞으로 걷기, 뒤로 걷기, 달리기, 점프 등의 모든 애니 메이션 클립을 설정하고 이러한 클립의 시간과 속도를 설정한다. 여기에서 애니 메이션 클립 잘라내기, 속도 변경, 루프 만들기, 시퀀스 핑퐁 등의 기능을 사용해 클립을 편집하고 사용자 지정할 수 있다.

> 오토데스크 마야나 3D 스튜디오 맥스 같은 툴을 사용하면 애니메이션 클립을 모델을 모델 파일에 삽입할 수 있다. 또한 모델 파일과 다른 별도의 파일에 저장하기도 가능하다. 유니 티3D는 모델 파일 설정의 Animations 탭에서 삽입된 애니메이션을 보여준다.

4. 애니메이션 클립을 모두 준비한 다음에는 컨트롤러를 만들 차례다. 레거시 애니 메이션 시스템은 C#이나 자바스크립트를 사용해 유니티에 언제 어떤 클립을 얼 마나 오래 재생할지 등을 알리는 컨트롤러를 만들 수 있게 해준다. 일반적으로 이러한 컨트롤러는 게임 입력(예: 캐릭터가 점프하기 위해 스페이스 키를 누름)을 통해 관리된다.

이 네 단계에 레거시 애니메이션 시스템에 대한 모든 내용을 설명할 수는 없지만, 기본적 인 작동 방법을 개략적으로 이해하는 데는 충분할 것이다. 레거시 시스템은 스크립팅에 크게 의존하며, 개발자가 직접 프로그래밍한 컨트롤러를 이용해 애니메이션을 관리해야 한다. 레거시 애니메이션 시스템은 이와 같이 프로그래밍에 의존하는 특성 때문에 다음에 설명할 메카님 애니메이션 시스템에 비해 훨씬 복잡하다.

메카님 애니메이션 시스템

유니티는 레거시 애니메이션 시스템을 그대로 두고 복잡한 애니메이션을 훨씬 쉽게 만들 수 있는 메카님^{mecanim}이라는 애니메이션 시스템을 새로 만들었다. 메카님 애니메이션 시스템의 주요 특징은 다음과 같다.

- 쉬운 워크플로와 애니메이션 설정
- 유니티 안에서 만든 애니메이션 클립과 외부로부터 가져온 애니메이션 지원
- 인간형 캐릭터 모델의 애니메이션을 다른 모델로 대상 재설정
- 애니메이션 클립을 관리하고 미리보기 위한 시각적 프로그래밍 툴
- 레이어링과 마스킹 기능

이름만 봐서는 이러한 기능이 어떤 의미인지 감이 잡히지 않을 수도 있겠지만, 이러한 각각의 기능과 전체 시스템에 대해 자세히 설명할 예정이므로 걱정할 필요는 없다.

앞에서 소개한 인간형 캐릭터 프로젝트를 활용해 메카님에 대해 알아보자.

앞 절에서 캐릭터 모델과 여러 애니메이션 클립을 유니티로 가져오고, 모델 파일과 머티리얼 폴더에 대해 알아봤으며, 모델에 맞는 인간형 아바타를 설정했다. 여기에서는 인간형 아바타 설정에 대해 알아보고 메카님 애니메이션 시스템을 활용해 캐릭터에 애니메이션을 적용해본다. 먼저 Raw Mocap Animation Data 에셋에 어떤 애니메이션이 들어있는지 확인해야 한다. Project 패널에서 Animations 폴더와 Walking 폴더를 차례로 확장하면 몇 가지 걷기 애니메이션을 볼 수 있다.

이 폴더의 애니메이션 클립 중 하나를 선택하면 Inspector 패널에 애니메이션 클립을 재생/일시 중지할 수 있는 Play 버튼과 함께 작은 미리보기 창이 표시된다. 다음 그림에 이 과정이 나온다.

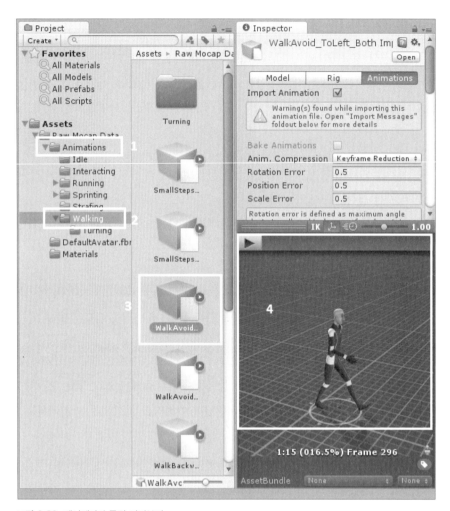

그림 3.30 애니메이션 클립 미리보기

이 미리보기 창에서 애니메이션 클립을 미리 보면서 원하는 애니메이션을 찾을 수 있다. 다른 폴더에 있는 애니메이션도 찾을 수 있다

 애니메이션 미리보기 기능은 유니티 4.0 이후 메카님에서만 제공된다.

유니티의 메카님 애니메이션 시스템은 시간의 흐름에 따른 오브젝트의 이동, 회전, 변환에 대한 정보를 포함하는 애니메이션 클립의 개념에 기반을 둔다. 각각의 클립은 동일한 오브젝트의 각기 다른 별도의 레코딩을 포함할 수 있다. 일반적으로 이러한 애니메이션 클립은 3D 애니메이션 아티스트가 타사의 전문 툴(예: 오토데스크 마야, 3D 스튜디오 맥스)을 사용해 제작하며, 별도의 클립으로 내보내거나 모델 파일 자체에 삽입할 수 있다. Project 패널의 Raw Mocap Data 디렉터리에서 DefaultAvatar.fbx 항목을 선택한 다음 Inspector 패널에서 Animations 탭을 선택해보자. Import Animation 옵션이 이미 선택돼 있으며, 바로 아래의 정보 상자에는 모델 파일에 애니메이션 데이터가 없다는 정보가 표시된다. 즉 모델 파일에 삽입된 애니메이션 클립이 없다는 의미다. 다음 그림에 이 과정이 나온다.

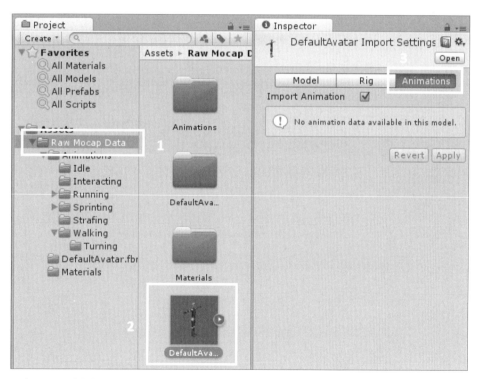

그림 3.31 모델에 삽입된 에니메이션 데이터 정보 확인

모델에 삽입된 애니메이션 클립을 사용하는 경우나 별도의 애니메이션 클립을 가져오는 경우, 이러한 애니메이션 클립은 애니메이션 컨트롤러animation controller라는 플로차트와 비슷한 시스템으로 구성된다. 이 애니메이션 컨트롤러는 어떤 애니메이션이 언제 시작되고 중단되는지 관리하는 상태 머신의 역할을 한다. 이것이 메카님 시스템을 레거시 애니메이션 시스템과 차별화하는 가장 큰 차이점이다. 컨트롤러 안에서 상태를 제어하는 방법으로 손쉽게 애니메이션을 관리할 수 있다. 레거시 시스템에서는 개발자가 C#이나 자바 스크립트를 이용해 전체 애니메이션 컨트롤러를 작성해야 했지만, 메카님에서는 알아보기 쉬운 시각적 인터페이스를 활용해 한 줄의 코드도 작성할 필요 없이 전체 컨트롤러를 구성할 수 있다.

애니메이션 컨트롤러는 애니메이션 클립을 하나 이상 포함해야 한다. 애니메이션 클립은 문을 열거나 닫는 간단한 동작이나 인간형 캐릭터의 앞으로 또는 뒤로 걷는 등의 동작을 포함할 수 있다. 또한 복잡한 애니메이션 컨트롤러는 걷기, 달리기, 점프, 전투 모션 등 캐릭터의 모든 주요 동작을 포함할 수도 있다. 예제 게임 프로젝트에는 캐릭터의 걷기, 달리기, 점프와 손, 발, 필살기를 사용한 공격 모션 애니메이션이 포함되므로, 이 캐릭터의 애니메이션 컨트롤러는 상당히 세부적이고 수준이 높다. 다음 절에서는 애니메이션 컨트롤러를 만드는 방법을 설명하고 격투 게임의 플레이어 캐릭터를 위한 컨트롤러를 직접 만들어본다.

▌ 격투 게임의 플레이어 캐릭터 만들기

앞에서 유니티의 두 가지 애니메이션 시스템인 레거시와 메카님에 대해 알아봤다. 이 절에서는 격투 게임의 플레이어 캐릭터를 위한 애니메이션 컨트롤러를 직접 만들어본다. 이를 위해 Raw Mocap Data 에셋 프로젝트에 들어 있는 캐릭터를 사용한다.

우선 Scene 뷰에 인간형 캐릭터가 필요하다. Project 패널의 Raw Mocap Data 디렉터리에서 DefaultAvatar.fbx 프리팹을 Hierarchy 패널로 드래그한다. 그러면 다음 그림에 나오는 것처럼 검은색 의상을 입은 T자 포즈의 캐릭터가 표시된다.

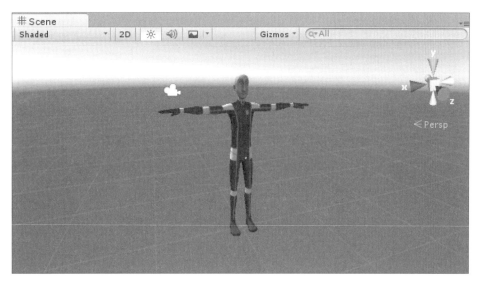

그림 3.32 T자 포즈의 캐릭터

Hierarchy 패널에서 DefaultAvatar를 선택하고 Inspector에 표시되는 설정을 확인한다. 다음 그림과 같이 트랜스폼 컴포넌트 아래에 애니메이터 컴포넌트라는 새로운 컴포넌트를 볼 수 있다.

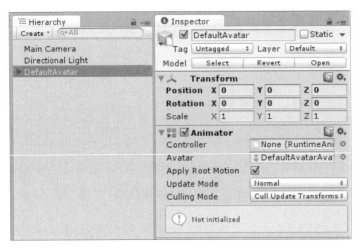

그림 3.33 캐릭터 모델의 애니메이터 컴포넌트

애니메이터 컴포넌트에 컨트롤러가 초기화되지 않았다는 정보가 나오는 것을 볼 수 있다. 유니티는 인간형 캐릭터를 처음 씬에 추가할 때 기본 런타임 애니메이션 컨트롤러를 생성하고 캐릭터에 할당한다. 물론 언제든지 컨트롤러를 변경하거나 다른 사용자 지정 컨트롤러로 바꿀 수 있다. 앞의 그림에 나온 것처럼 애니메이터 컴포넌트에는 여러 프로퍼티가 있다. 진행하기 전에 이러한 프로퍼티에 대해 간단히 정리해보자.

1. Controller 프로퍼티는 애니메이터 컴포넌트의 애니메이션 컨트롤러를 설정하는 데 사용된다. 가장 중요한 프로퍼티이며, 유니티에서 이 컨트롤러를 통해 해당 캐릭터의 전체 애니메이션이 관리된다.

2. Avatar 프로퍼티는 해당 캐릭터에 사용할 리깅과 아바타 구성을 지정하며, 앞의 절에서 인간형 캐릭터에 대해 설정한 것과 같은 아바타 구성이다. 캐릭터의 아바타를 다른 캐릭터의 애니메이션에 활용하는 것도 가능하다. 이와 같이 캐릭터의 아바타 정의를 간단하게 대상 재설정해 다른 캐릭터에 사용할 수 있다는 점은 메카님의 강력한 기능 중 하나다.

Avatar 프로퍼티는 앞서 구성한 아바타로 설정돼 있으므로, 첫 번째 애니메이션 컨트롤러를 만들어보자. 다음 그림과 같이 Assets 폴더를 마우스 오른쪽 버튼으로 클릭하고 Create > AnimationController 항목을 선택해 애니메이션 컨트롤러를 생성하고 이름을 PlayerAnimController로 변경한다.

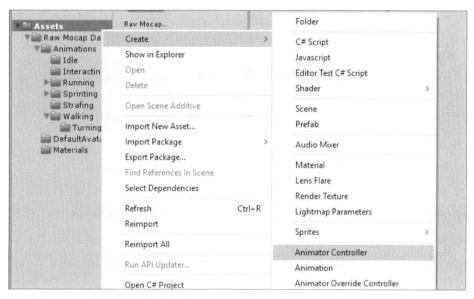

그림 3.34 플레이어 캐릭터를 위한 애니메이션 컨트롤러 생성

Project 패널의 Assets 디렉터리에 다른 파일이 추가됐음을 볼 수 있다. 이 항목을 더블 클릭하면 다음 그림과 같이 상태 머신과 비슷한 사용자 인터페이스를 보여주는 Animator 창이 표시된다.

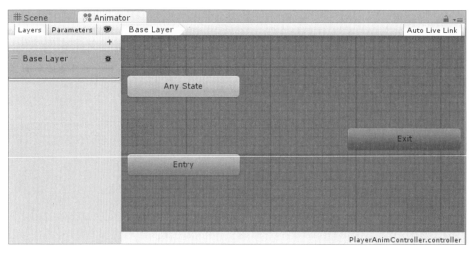

그림 3.35 유니티3D의 애니메이터 패널

이 패널에는 그림에 나오는 것처럼, Any State, Entry, Exit라는 세 가지 상태가 이미 추가 돼 있다. 이 패널의 주된 목적은 플로차트와 비슷한 방식의 순차, 평행 또는 더 복잡한 관계를 사용해 여기에서 상태라는 모든 애니메이션 클립을 연결하고 구성하는 것이다. 간단한 상태 머신을 만들려면 **Animator** 패널에 적어도 하나 이상의 애니메이션 상태가 필요하다. 이미 프로젝트 에셋으로 가져온 애니메이션이 많이 있으므로 애니메이션 컨트롤러에 사용할 애니메이션을 선택하기만 하면 된다.

먼저 Assets에 Player Animations라는 디렉터리를 새로 만든다. 다음과 같이 Raw Mocap Data 폴더에서 애니메이션 네 개를 선택하고 새 폴더로 복사한다.

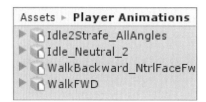

그림 3.36 Player Animations 디렉터리의 애니메이션 상태

사용할 애니메이션 클립을 이 디렉터리로 가져온 다음에는 이 애니메이션 항목을 좀 더 자세히 살펴보자. Project 패널에서 Idle_Neutral_2 애니메이션 클립을 클릭하고 Inspector에서 Rig 탭을 선택한다. Animation Type이 Humanoid로 설정돼 있고 Avatar 정의는 다른 아바타를 복사Copy From Other Avatar하도록 설정돼 있는 것을 볼 수 있다. 그러면 다른 아바타는 어디 있는지 궁금할 텐데, Source 프로퍼티에서 원하는 다른 아바타를 선택하고 Apply를 클릭해 선택을 적용할 수 있다. Source 프로퍼티는 DefaultAvatarAvatar라는 구성된 아바타 정의로 설정돼 있다. 이와 같이 Source 프로퍼티를 통해 아주 손쉽게 다른 아바타의 정의를 선택하고 동일한 애니메이션 클립을 여러 다른 캐릭터에 적용할 수 있다. 다음 그림에 이러한 프로퍼티가 나온다.

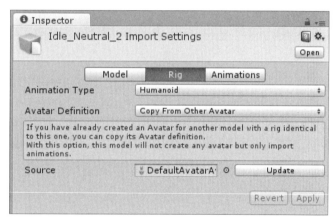

그림 3.37 애니메이션 클립의 Rig 탭

Rig 탭의 설정은 프로젝트에 사용하는 모든 애니메이션 클립에서 거의 동일하다. 다음은 Animations 탭을 선택하고 현재 프로젝트의 요건에 맞게 애니메이션을 세부적으로 조정해 보자. 다음 그림에 Animations 탭의 일부가 나온다.

그림 3.38 애니메이션 탭의 일부

애니메이션을 가져오고 싶지 않은 경우 경우 Import Animation 옵션을 끄면 유니티가 해당 클립의 애니메이션을 무시한다. 나머지 설정은 지금은 그리 중요하지 않으므로 나중에 필요할 때 설명한다. 현재 가장 중요한 설정은 전체 애니메이션 타임라인을 만드는 데 사용되는 Clips 프로퍼티다. 애니메이션의 시작 프레임과 종료 프레임을 지정하는 Start와 End 값을 볼 수 있다. 여기에서 **더하기**(+) 기호를 클릭하고 시작 프레임과 종료 프레임을 지정해 애니메이션의 일부를 별도의 클립으로 정의할 수 있다. 잠시 시간을 들여서 이 패널을 직접 사용해보면서 어떤 프로퍼티에 어떤 일이 일어나는지 확인해보자. 또한 사용자 지정된 애니메이션을 재생하고 중단할 수 있는 작은 미리보기 창이 있다.

Clips 목록을 보면 현재는 클립이 한 개이며 기본으로 선택돼 있음을 알 수 있다. Clips 프로퍼티 아래에는 다음 그림과 같이 해당 클립에 대한 자세한 내용이 나온다.

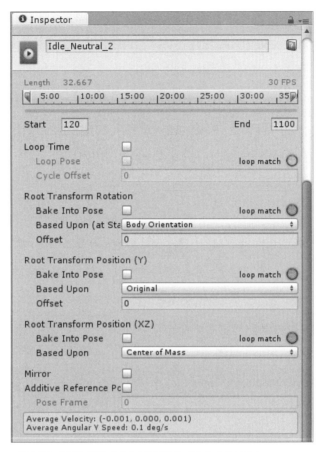

그림 3.39 선택한 하위 애니메이션 클립에 대한 추가 프로퍼티

다양한 옵션이 있지만, 모든 내용을 자세히 살펴볼 필요는 없으므로, 간략하게 알아보자. 이 패널에는 Loop Time, Root Transform Rotation 등의 여러 섹션이 있다. 이러한 섹션은 애니메이션의 세부적 측면을 정의한다. 예를 들어 Loop Time은 애니메이션이 루프인지 여부를 정의한다. 각 섹션 앞에는 빨강, 노랑 또는 초록으로 채워진 원이 표시된다. 이 원은 애니메이션의 루프 일치 상태를 알려준다. 빨강은 루프가 아니라는 의미이며, 노랑은 루프는 맞지만 완벽하게 동기화되지 않는다는 의미이고, 초록은 완벽한 루프라는 의미다. 이

러한 프로퍼티를 이용해 캐릭터가 움직이는 동안 Y축을 세부적으로 관리하는 등의 작업을 할 수 있다. Start와 End 값을 변경하고 초록색 원으로 표시된 완전한 루프가 정확하게 어디에서 완성되는지 확인한 후 적절하게 조정한다.

마지막으로 간단한 애니메이션 컨트롤러 하나를 실제로 만들어보자. 먼저 Assets 디렉터리에서 PlayerAnimController 파일을 더블클릭한다. 그러면 앞에서 설명한 세 가지 상태를 포함하는 Animator 뷰가 열린다. 다음에 나오는 단계에 따라 걷기 사이클 애니메이션 상태 머신을 완성한다.

1. Idle_Neutral_2 애니메이션 클립을 Player Animations 디렉터리에서 Animator 뷰로 드래그한다. 애니메이션 클립 이름을 포함하는 주황색 사각형이 추가된다. 이 사각형은 다음 그림에 나오는 것처럼 애니메이션 클립 상태를 나타낸다.

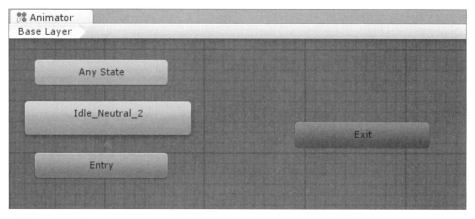

그림 3.40 애니메이터 뷰에 추가된 새 애니메이션

 어떤 애니메이션이든 마우스 오른쪽 버튼으로 클릭하고 팝업 메뉴에서 Set as Default Layer State 항목을 선택하면 기본 애니메이션으로 선택할 수 있다. 유니티는 기본 상태의 색을 주황색으로 변경한다. 한 레이어에는 기본 상태가 하나만 있을 수 있다.

178

그런데 지금 게임을 플레이하면 캐릭터가 움직이지 않는다. 그 이유는 기본 애니메이션 상
태를 '대기 상태idle' 애니메이션으로 설정하고 애니메이션 컨트롤러를 만들었지만 이를 캐
릭터와 연결하지 않았기 때문이다.

● 새로 만든 애니메이션 컨트롤러를 캐릭터와 연결하려면 먼저 Hierarchy 패널에서 캐
릭터를 선택한다. 그리고 다음 그림과 같이 Assets에 있는 PlayerAnimController
를 Inspector의 애니메이터 컴포넌트에 있는 Controller 프로퍼티로 드래그한다.

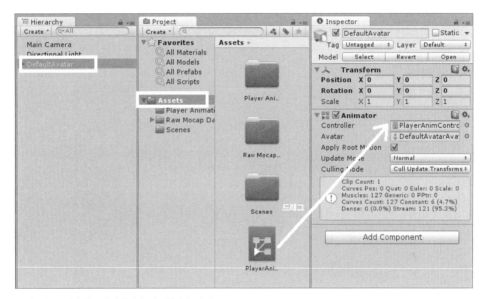

그림 3.41 캐릭터를 애니메이션 컨트롤러와 연결

이제 게임을 플레이하면 캐릭터가 대기 상태 애니메이션을 수행하지만, 애니메이션이 끝나면 더 이상 움직이지 않는다. 이 경우에는 애니메이션을 무한으로 반복하기를 원한다.

- 애니메이션 루프를 설정하려면 Player Animations 디렉터리에서 Idle_Neutral_2를 선택하고 Inspector 설정에서 Animations 탭으로 이동한다. Clips 아래쪽에서 먼저 애니메이션을 완전 루프로 설정하고 모든 원이 초록으로 표시되게 해야 한다. Start 값을 265로 설정하면 초록으로 바뀐다. 또한 Loop Time 옵션을 켜고 Apply를 클릭한다. 이제 게임을 플레이하면 캐릭터가 애니메이션을 완료한 후 계속 반복한다. 또한 애니메이션이 완전한 루프이므로 애니메이션의 끝과 시작이 매끄럽게 연결된다.

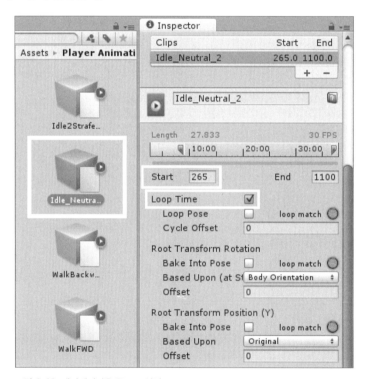

그림 3.42 애니메이션을 루프로 설정

다음은 다른 애니메이션 상태를 추가해보자. 이전과 비슷하게 Assets에서 WalkFWD 항목을 Animator 뷰로 드래그한다. 그러면 새로운 상태가 추가되지만 이전과 달리 이번에는 회색으로 표시된다. 이 애니메이션 상태는 컨트롤러에 추가됐지만 아직 애니메이터와 연결되지는 않았다. 이 상태를 기본 대기 상태 애니메이션인 Idle_Neutral_2 상태와 연결하려면 Idle_Neutral_2 상태를 마우스 오른쪽 버튼으로 클릭하고 Make Transition 항목을 선택한다. 그러면 여기에서 다른 상태를 연결하는 흰색 선이 표시된다. WalkFWD 상태를 클릭하면 Idle_Neutral_2와 WalkFWD 상태 사이에 선이 추가되고 WalkFWD를 향한 화살표가 표시된다. 다음 그림을 참고한다.

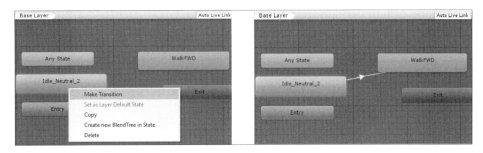

그림 3.43 두 상태 간의 전환 만들기

이제 게임을 실행하면 대기 상태 애니메이션이 끝난 후 WalkFWD 애니메이션이 시작되며, 이 애니메이션이 끝나면 움직임을 멈춘다. 다시 WalkFWD 상태에서 Idle_Nuetral_2 상태로의 전환을 만들 수도 있으며, 이렇게 하면 애니메이션이 계속 반복된다. 즉 대기 상태 애니메이션이 끝나면 걷기를 시작하고, 걷기가 끝나면 다시 대기 상태 애니메이션을 시작한다.

다음은 애니메이터에 약간의 컨트롤을 추가해보자. Animator 패널 왼쪽을 보면 Layers와 Parameters라는 두 탭이 있다. Parameters 탭을 클릭하고 매개변수를 추가하기 위해 **더하기**(+) 버튼을 클릭한다. 추가할 매개변수의 형식을 선택하는 드롭다운이 표시되면 **Bool**을 선택하고 매개변수의 이름을 ShouldWalk로 변경한다. 다음 그림을 참고한다.

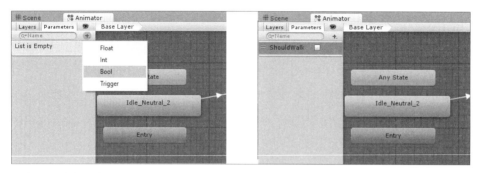

그림 3.44 애니메이터에 매개변수 추가

Parameters 목록에 새로운 매개변수가 추가된 것을 볼 수 있다. 매개변수를 사용하면 그 값을 조정해 애니메이션과 상태의 흐름을 제어할 수 있다. 현재는 대기 상태 애니메이션이 끝나면 자동으로 걷기 애니메이션이 시작된다. 이번에는 애니메이터에 ShouldWalk 매개변수를 통합해서 그 값이 true일 때만 걷기 애니메이션을 시작하고, 그렇지 않으면 대기 상태로 돌아가도록 해보자.

이를 위해 대기 상태에서 걷기로의 전환을 나타내는 선을 클릭하고 Inspector 패널을 확인한다. 여러 설정이 있는데, 패널 아래쪽을 보면 Conditions라는 작은 영역이 있다. 여기에서 **더하기**(+) 아이콘을 클릭하고 ShouldWalk를 true로 설정한다. 다음 그림을 참고한다.

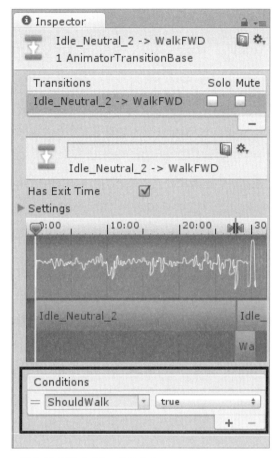

그림 3.45 전환에 대한 조건을 추가

걷기에서 대기 상태로의 전환에도 비슷한 절차를 적용한다. 대신 이번에는 ShouldWalk 값을 false로 설정한다. 이제 게임을 실행하면 캐릭터가 걷기 애니메이션을 진행하지 않고 대기 상태 애니메이션만 반복하는 것을 볼 수 있다. 즉 ShouldWalk 매개변수를 true로 설정해야 걷기 애니메이션을 재생한다. 매개변수는 코드에서 아주 쉽게 설정할 수 있다.

▌ 요약

3장은 3D 게임의 기본 개념을 소개하는 과정이었다. 유니티 프로젝트를 3D 게임용으로 구성하는 방법과 3D 모델 파일을 유니티로 가져오는 방법을 알아봤고, 3D 모델의 머티리얼과 텍스처에 대해 설명했다. 그리고 격투 액션 게임에 초점을 맞추기 위해 인간형 모델에 대해 중점적으로 살펴봤다. 그 다음에는 인간형 모델을 애니메이션 시스템에 사용하는데 필요한 아바타의 구성 과정을 살펴봤다. 유니티가 제공하는 레거시와 메커님이라는 두 가지 애니메이션 시스템을 소개하고 그중 레거시 시스템에 대해 간단하게 알아봤으며, 이어서 메카님 애니메이션 시스템에 대해 자세히 알아봤다. 여러 애니메이션을 가져오고 간단한 애니메이션 컨트롤러를 만들었으며 애니메이션의 흐름을 제어하기 위한 매개변수를 추가했다.

4장에서는 컨트롤러에 대한 이야기를 계속하며, 여러 애니메이션과 매개변수를 포함하는 수준 높은 애니메이션 컨트롤러를 구성하고 이를 플레이어 캐릭터와 적 캐릭터에 적용한다. 그 다음에는 가상 조이스틱을 사용해 플레이어의 움직임과 애니메이션을 제어하고 적 캐릭터에 적용할 인공지능에 대해 간단하게 논의한다.

04

인공지능을
갖춘 적 캐릭터

3장에서는 3D 지오메트리와 텍스처를 프로젝트로 가져오고, 캐릭터를 설정하며 애니메이션을 캐릭터에 적용하는 방법을 배웠다. 4장에서는 앞서 배운 내용을 바탕으로 격투 게임의 기본 컨트롤 체계를 만든다.

우선 플레이어 캐릭터를 프로젝트로 가져온 다음 대기 상태, 펀치, 방어, 맞기 등의 여러 애니메이션 동작에 필요한 애니메이션 프레임을 설정한다. 또한 애니메이션 컨트롤러에서 다른 상태도 추가한다. 애니메이션 컨트롤러를 사용하면 캐릭터의 동작에 따라 애니메이션의 흐름을 결정할 수 있다.

또한 게임 밸런스에 대해 살펴보고 플레이어에게 공정한 밸런스를 제공하는 방법을 알아본다. 만약 게임이 공정하지 않다면, 플레이어는 게임에서 좌절감을 느끼고 게임을 다른 사람에게 추천하지 않는다.

일단은 마우스와 키보드를 사용해 컨트롤을 구현하지만, 나중에 휴대용 장치의 터치 컨트롤을 구현하는 방법을 알아볼 것이다.

4장을 마무리하면 적을 공격할 수 있고, 적이 공격을 허용하거나 막는 기본적인 격투 게임을 완성할 수 있다.

4장에서 다룰 주제는 다음과 같다.

- 플레이어 모델 가져오기
- 애니메이션 컨트롤러를 사용해 플레이어 만들기
- 플레이어 컨트롤의 스크립트 작성
- 적 캐릭터 추가
- 적의 행동과 인공지능
- 격투 완성
- 인공지능을 갖춘 적 캐릭터

▌ 플레이어 모델 가져오기

먼저 유니티 3D 프로젝트를 새로 만들어야 한다. 3D 프로젝트를 처음 만들어보는 것은 아니므로 어려운 점은 없을 것이다.

프로젝트를 만든 다음에는 4장의 에셋에서 Dude.FBX 파일을 찾은 다음 새로 만든 유니티 프로젝트로 드래그한다.

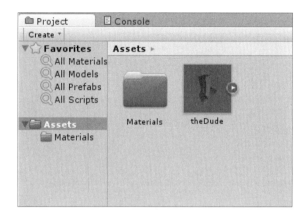

처음에는 모델이 회색으로 표시되는데 빨간색으로 변경해보자. Materials 폴더를 더블 클릭하고 01 - Default 파일을 선택하면 오브젝트의 색상을 변경할 수 있는 옵션이 제공된다. Inspector 패널에서 Albedo 옵션 옆의 회색 상자를 클릭하고 빨간색을 선택하면 캐릭터가 빨간색으로 변한다.

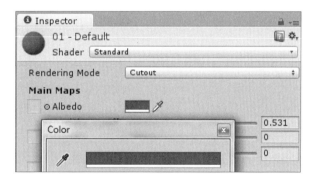

다음은 게임에 사용할 모든 애니메이션을 위한 애니메이션 클립을 만들어야 한다. 프로젝트의 Assets 폴더에서 Dude 캐릭터를 클릭해 선택하면 Inspector 패널에서 다음 그림과 같이 Model, Rig, Animations의 세 탭을 볼 수 있다. Animations 탭을 클릭한다.

Animations 탭에는 현재 프로젝트에 있는 모든 애니메이션 클립이 표시되는데, 현재는 0프레임에서 시작해서 80프레임에서 끝나는 Take 001이라는 애니메이션 클립 하나가 있다. 패널 아래쪽의 플레이 버튼을 클릭하면 애니메이션을 미리 볼 수 있다.

그런데 Take 001을 보면 대기 상태, 방어, 펀치, 맞기 애니메이션을 비롯해 FBX 파일과 함께 가져온 모든 애니메이션이 들어 있음을 알 수 있다. 모든 애니메이션이 한 클립에 들어 있으므로 애니메이션을 개별적인 클립으로 분할해야 한다.

먼저 0프레임부터 29프레임까지의 범위를 포함하는 idle 클립을 추출해보자. 이를 위해 다음 그림과 같이 클립의 이름을 idle로 바꾸고 종료 프레임을 29로 설정한다.

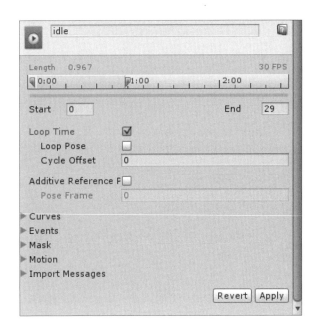

아래쪽의 Apply 버튼을 클릭해 변경 사항을 적용한다.

또한 Loop Time 옵션이 활성화됐음을 볼 수 있다. 이 애니메이션은 계속 반복해야 하므로 이 옵션을 선택해야 한다.

다음은 방어 동작을 수행하는 두 번째 애니메이션 클립을 추출해보자. 우선 Clips 메뉴에서 **더하기**(+) 아이콘을 클릭해 다음 그림과 같이 기본 애니메이션인 Take 001을 생성한다.

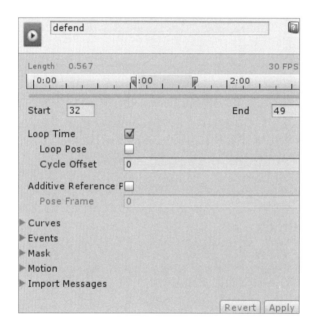

Take 001 클립을 선택하고 이름을 defend로 변경한 후 Start와 End를 각각 32와 49로 설정한다. Loop Time 옵션을 선택하고 Apply 버튼을 클릭한다.

다음은 punch와 getHit 애니메이션을 추가해보자. punch 애니메이션은 51프레임에서 시작해 60프레임에서 끝나며, getHit 애니메이션은 71프레임에서 시작해 75프레임에서 끝난다.

이 두 애니메이션은 루프가 아니므로 Loop Time 옵션을 비활성화한다. 필요한 애니메이션을 모두 만든 후의 Clips 창은 다음 그림과 같다.

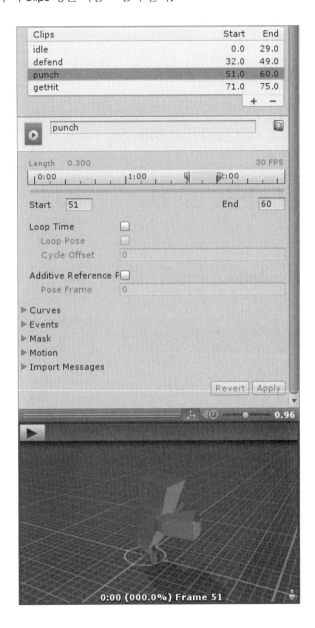

게임에 사용할 애니메이션을 모두 추출한 다음에는 플레이어 캐릭터를 위한 애니메이션 컨트롤러를 만들어야 한다.

▌ 플레이어 애니메이션 컨트롤러

새로운 애니메이션 컨트롤러를 만들려면 프로젝트에서 Assets 폴더를 마우스 오른쪽 버튼으로 클릭하고 Create > Animation Controller를 선택한다.

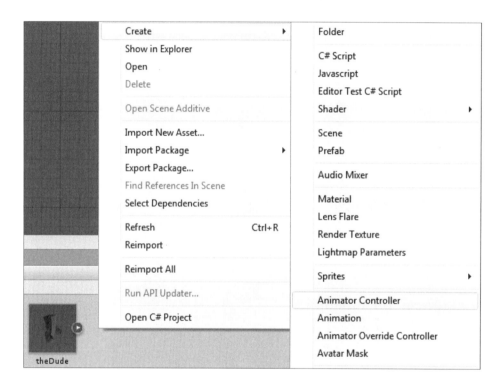

파일 이름을 dudeAC로 변경하고 더블 클릭한다.

파일을 더블 클릭하면 다음 그림과 같이 Animation 패널이 열린다.

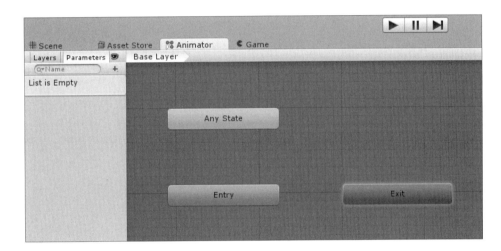

애니메이션 컨트롤러는 애니메이션의 흐름을 제어한다. 여기에는 기본적으로 Entry, Any State, Exit의 세 상태가 추가돼 있다.

- Entry 상태는 씬을 시작할 때 재생할 애니메이션을 지정한다. 가장 먼저 재생되는 애니메이션은 일반적으로 대기 상태 애니메이션이다.
- Any State는 현재 재생 중인 이전 애니메이션에 관계없이 실행해야 하는 애니메이션을 지정한다.
- Exit는 씬을 종료할 때 재생할 애니메이션이다.

우선 플레이어에 대한 상태를 설정해보자. 이 설정은 적 캐릭터에도 동일하게 사용된다.

먼저 기본 애니메이션을 설정해서 씬을 시작할 때 대기 상태 애니메이션이 실행되게 한다. Animator 패널의 빈 공간을 마우스 오른쪽으로 클릭하고 팝업 메뉴에서 Create State ❯ Empty 항목을 선택한다.

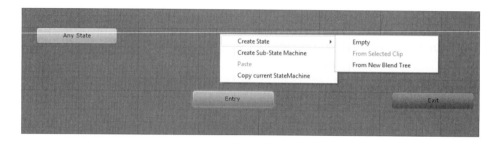

생성된 New State를 선택하고 Inspector 패널을 연다.

다음은 Entry 상태에서 다른 상태로 전환을 만들어야 한다. Entry 상태를 마우스 오른쪽 버튼으로 클릭하고 Make Transition 항목을 선택한다. 다음 그림과 같이 Entry 상태에서 시작하는 화살표가 표시되면 New State 상태를 클릭해 두 상태를 연결한다.

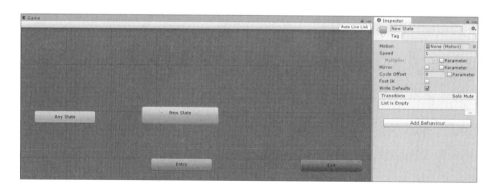

다음은 New State 상태를 선택하고 상태 이름을 Idle로 변경한다. Inspector에서 Motion 필드 오른쪽의 과녁 아이콘을 클릭하고 idle을 선택한다.

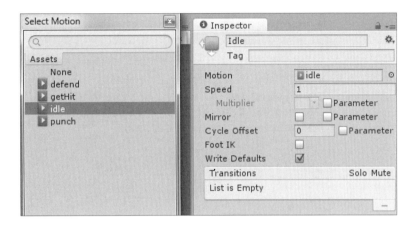

컨트롤러가 작동하는지 확인하기 위해 다음 그림과 같이 Hierarchy 패널에서 theDude 캐릭터를 씬 뷰로 드래그해 카메라와 수직이 되도록 배치한다.

씬에서 theDude 캐릭터를 선택하고 Inspector 패널에서 Animator 컴포넌트의 Controller 필드로 애니메이션 컨트롤러를 드래그한다.

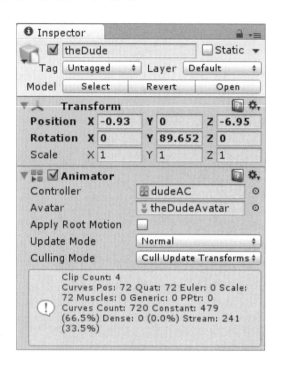

재생 버튼을 클릭하면 캐릭터가 대기 상태 애니메이션을 재생한다. 이제 애니메이션이 정상적으로 작동하는 것을 확인했으므로 다음은 게임에 필요한 상태를 애니메이션 컨트롤러에 추가할 차례다.

캐릭터는 Any State 상태에서 시작해 defend, Punch, GetHit 애니메이션을 수행할 수 있으며, 이러한 상태가 아닐 때는 idle 상태로 돌아온다.

애니메이션 컨트롤러에서 이러한 세 가지 상태를 추가하고, 각 상태의 이름을 적절하게 지정한 후, 각 상태의 움직임에 해당하는 애니메이션을 연결한다. 상태를 만든 다음에는 Any State 상태에서 각 세 가지 상태로의 전환이 필요하며, 각 상태가 끝난 후에는 다시 idle 상태로 전환해야 한다.

전환을 만들려면 시작하는 상태를 마우스 오른쪽 버튼으로 클릭하고 Make Transition 항목을 선택한 후 화살표가 표시되면 전환 대상 상태를 클릭하면 된다. 다음 그림에서 완성된 상태의 구성을 볼 수 있다.

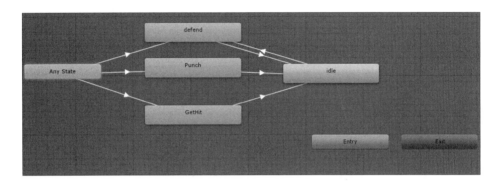

이런 전환은 스크립트를 통해 제어된다. 각 상태를 트리거하기 위해서는 불린이나 트리거를 이용해 상태 변환을 활성화한다.

이 매개변수를 만들려면 Animator 패널에서 Parameters 탭을 클릭한다.

새 매개변수를 만들려면 검색창 옆에 있는 **더하기(+)** 버튼을 클릭한다. 부동소수점^{Float}, 정수^{Int}, 부울^{Bool}, 트리거^{Trigger} 형식의 매개변수를 만들 수 있다.

이 예제에서는 다음 그림과 같이 불린 매개변수 bIsDefending과 트리거 매개변수 tGotHit 및 tIsPunching을 만든다.

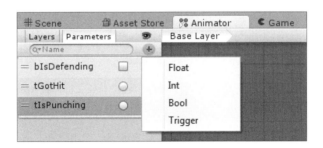

불린과 트리거의 차이는 트리거의 경우 활성화된 후 자동으로 false로 재설정되지만, 불린은 true와 false를 프로그래밍으로 설정해야 한다는 점이다.

현재 게임에서 구현 방법을 알아보자. 먼저 Punch와 GetHit 애니메이션의 전환을 설정하고 defend는 조금 뒤에 처리하자. Any State에서 Punch로의 전환 화살표를 선택한다.

전환이 선택되면 화살표가 파란색으로 바뀐다. 다음 그림은 기본 구성을 보여주며, 여기에서 몇 가지 사항을 변경하려고 한다.

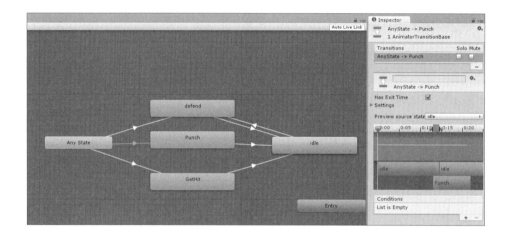

먼저 플레이어가 주먹으로 공격할 때만 이 전환이 수행되기를 원한다. Conditions 탭에서 더하기 기호를 누르고 tInPunching 조건을 추가한다.

다음은 Has Exit Time 옵션을 해제한다. 이 옵션이 켜져 있으면 이전 애니메이션이 완료돼야 전환을 시작하는데 이번에는 이렇게 할 필요가 없다. 즉 플레이어가 Punch 버튼을 누르면 곧바로 펀치 애니메이션이 시작되기를 원한다.

세 번째로 애니메이션 미리보기 창은 전환하는 동안 재생되는 애니메이션을 보여준다. 미리보기 창을 보면 처음에는 애니메이션이 0프레임부터 시작하며, 대기 상태 애니메이션을 재생한 후, 펀치 애니메이션으로 전환하는 것을 알 수 있다. 실제로 원하는 것은 대기 상태와 펀치 애니메이션을 한 프레임 동안 전환하고, 즉시 펀치 애니메이션을 시작하는 것이다.

따라서 다음 그림에서 보는 것처럼 Punch를 시작 부분으로 가져오고 시작과 중단을 아주 작은 범위에서 수행하게 한다.

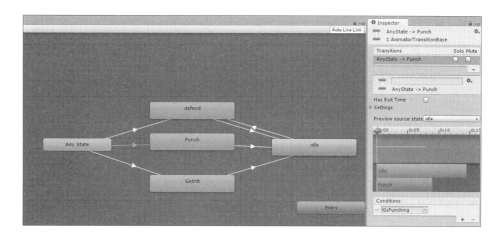

다음은 Punch에서 idle 애니메이션으로의 전환을 살펴보자.

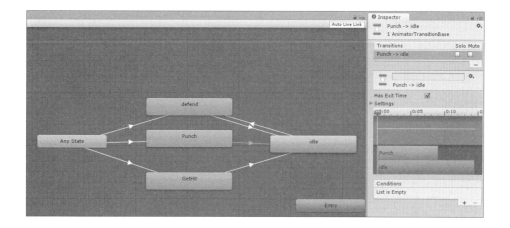

이번에는 펀치 애니메이션이 끝난 후 대기 상태 애니메이션이 시작하기를 원하므로 Has Exit Time 옵션을 선택한다. 또한 idle 애니메이션을 시작 부분으로 당기고 애니메이션 재생 시간도 1프레임으로 줄인다.

다음 그림처럼 Any State에서 GetHit로의 전환도 비슷한 방법으로 처리하며, 대신 여기에서는 조건을 tGotHit로 변경한다.

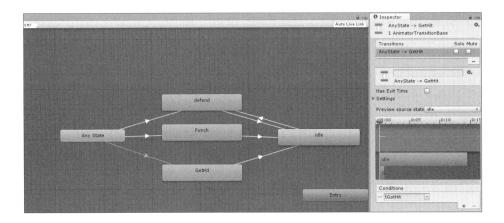

GetHit에서 idle 상태로의 전환도 비슷한 방법으로 처리한다.

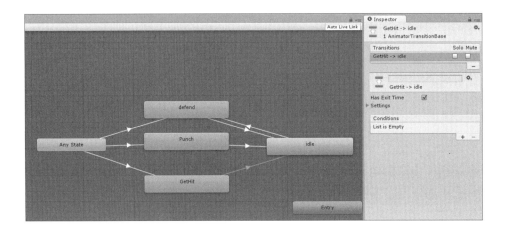

다음은 Any State에서 defend 상태로의 전환과 defend에서 idle 상태로의 전환을 만드는 방법을 알아보자. Any state에서 defend 상태로의 전환은 다음 그림에 나오는 것처럼 변경해야 한다.

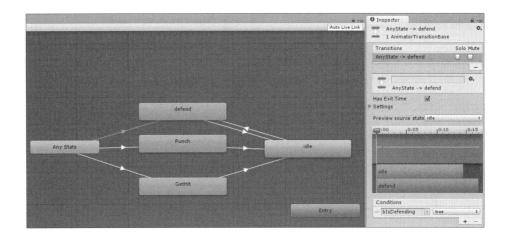

이번에도 마찬가지로 defend 애니메이션을 이동하고 재생을 1프레임으로 변경했다. Has Exit Time 옵션을 선택하고 조건을 bIsDefending으로 변경했으며 true로 설정했다. defend에서 idle 상태로의 전환에는 bIsDefending을 false로 설정하고 보통 때와 같이 애니메이션 범위 설정했다.

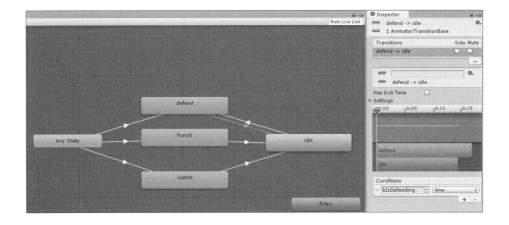

idle에서 defend 상태로의 전환은 Any State에서 defend 상태로의 전환과 비슷하지만, 다음 그림처럼 Has Exit Time 옵션을 해제하는 점이 다르다.

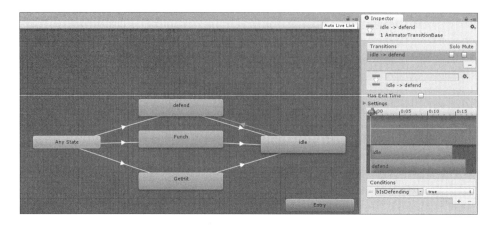

이것으로 애니메이션 컨트롤러 작업이 모두 끝났다.

▌ 플레이어 컨트롤의 스크립트 작성

상태를 제어하려면 스크립트를 플레이어 캐릭터에 연결해야 한다. 이 예에서는 마우스 왼쪽과 오른쪽 클릭을 이용해 플레이어를 컨트롤한다. 마우스 왼쪽 클릭이 펀치 공격이고, 오른쪽 클릭이 방어이며, 클릭하지 않는 동안에는 대기 상태 애니메이션이 재생된다.

컨트롤은 Edit 메뉴의 Projects Settings 옵션에서 변경할 수 있다. 다음 그림과 같이 목록에서 Input 옵션을 선택한다.

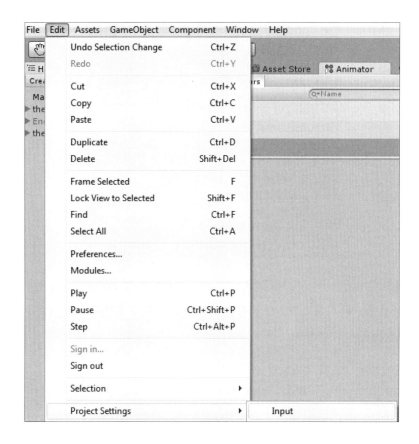

코드 안에서 참조할 때는 버튼의 이름을 사용한다는 점에 주의하자. 예를 들어 왼쪽 클릭은 Fire1이라는 이름으로 참조한다. 여러 버튼의 이름은 Inspector 패널에서 확인할 수 있다.

Assets 폴더를 마우스 오른쪽 버튼으로 클릭하고 **Create ➤ C# Script** 항목을 선택해 새로운 스크립트를 만든 다음 스크립트 이름을 playerScript로 변경한다. 스크립트를 더블 클릭해 모노디벨롭에서 연다.

스크립트에 다음 코드를 추가한다.

```
using UnityEngine;
using System.Collections;

public class playerScript : MonoBehaviour {
    private Animator anim;

    // Use this for initialization
    void Start () {
        anim = GetComponent<Animator>();
    } // 시작

    // Update is called once per frame
    void Update () {

        // 방어
```

```
        if (Input.GetButtonDown("Fire2")){
            // Debug.Log("Jump pressed");
            anim.SetBool("bIsDefending", true);
        } else if (Input.GetButtonUp("Fire2")) {
            anim.SetBool("bIsDefending", false);
        }
        // 공격
        if (Input.GetButtonDown("Fire1")){
            anim.SetBool("bIsDefending", false);
            anim.SetTrigger("tIsPunching");
            //Debug.Log("Fire pressed");
        }
    } // 업데이트
}
```

가장 먼저 애니메이터 컴포넌트를 받고 이를 저장할 private 변수를 만들었다.

Start 함수에서는 애니메이터 컴포넌트를 얻고 이를 anim에 할당한다. 이렇게 미리 저장해두지 않으면 프레임마다 애니메이터 컴포넌트를 얻어야 한다.

Update 함수에서는 먼저 방어 버튼을 눌렀는지 확인한다. 즉 현재 마우스 오른쪽 버튼으로 설정된 Fire2 버튼이 눌린 경우 bIsDefending을 true로 설정한다. bIsDefending 변수는 애니메이션 컨트롤러에서 매개변수로 정의한 것과 동일하다.

버튼을 놓으면 다시 bIsDefending 변수를 false로 설정한다.

다음은 공격 버튼을 처리한다. Fire1 버튼이 눌린 경우 먼저 bIsDefending을 false로 설정하고 tIsPunching을 true로 설정한다. 또한 코드의 어떤 부분이 실행되는지 볼 수 있도록 디버그 로깅을 추가했다.

이 코드가 작동하는지 확인하려면 스크립트를 씬에 있는 플레이어 캐릭터에 연결하고 컴포넌트로서 추가해야 한다. 우선 스크립트 파일을 theDude 캐릭터로 드래그한다. 이제 Inspector를 보면 스크립트가 적용된 것을 알 수 있다.

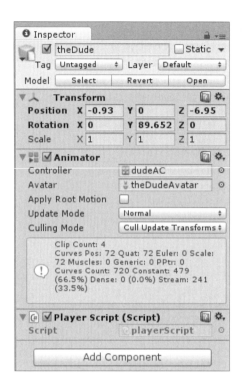

이제 마우스 오른쪽 버튼을 클릭하면 캐릭터가 방어 동작을 취하며 왼쪽 버튼을 클릭하면 펀치 공격을 한다.

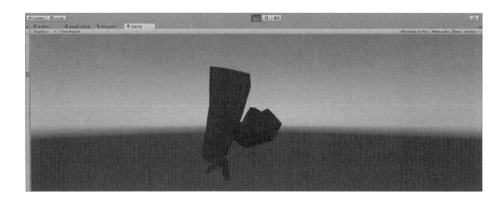

다음으로 펀치 공격을 받아줄 적 캐릭터를 추가해보자.

▍ 적 캐릭터 추가

플레이어 캐릭터를 추가할 때와 마찬가지로 Assets 폴더에서 theDude 캐릭터를 Hierarchy 패널로 드래그한다. Hierarchy 패널에서 이 캐릭터의 이름을 Enemy로 변경한다. 이 캐릭터도 빨간색으로 표시되는데 차이를 주기 위해 새 머티리얼을 만들어보자.

Material 폴더를 마우스 오른쪽 버튼으로 클릭하고 Create > Material 항목을 선택한다. 적 캐릭터 머티리얼의 이름을 Material로 지정하고 머티리얼의 Albedo 색상을 파란색으로 변경한다.

이제 머티리얼을 적 캐릭터로 드래그한다. 그런 다음 적 캐릭터를 회전시켜 다음 그림에서 보듯이 플레이어 캐릭터와 마주보도록 한다.

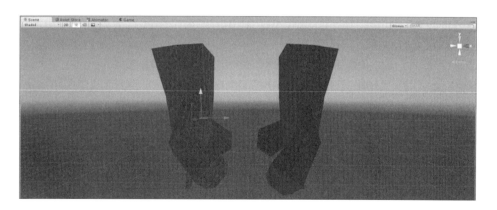

앞서 플레이어 캐릭터를 위해 만든 dudeAC 애니메이션 컨트롤러를 적 캐릭터의 Animator 컴포넌트의 Controller 필드로 드래그한다.

█ 적의 행동과 인공지능

게임을 플레이하면 적 캐릭터는 대기 상태 애니메이션을 시작한다. 적 캐릭터에 몇 가지 행동을 추가해보자.

인공지능은 적이 상태를 언제 변경하는지, 그리고 얼마나 오래 대기 상태, 방어, 공격을 수행할지 결정하는 패턴을 만드는 방법으로 구현한다.

이 패턴은 20개의 요소를 포함하는 배열이다. 패턴의 요소를 모두 사용한 후에는 패턴을 다시 임의로 섞고 카운터를 0으로 설정한다.

상태 간의 간격은 10프레임일 수도 있고 120프레임이나 2초일 수도 있다. 플레이어는 적 절하게 상황을 파악하고 공격과 방어를 선택해서 적 캐릭터를 물리쳐야 한다. 구체적인 내용은 코드를 살펴보면서 알아보는 것이 이해하기 쉽다.

새로운 C# 스크립트를 만들고 이름을 enemy로 변경한다. 이 스크립트에 다음 코드를 추가한다.

먼저 변수를 초기화해야 한다.

```
using UnityEngine;
using System.Collections;

public class enemy : MonoBehaviour {

private Animator anim;

int myTick = 0;
int currentTick = 0;
int prevTick = 0;
int nextTick = 0;
int patternLength = 0;
int patternCount = 0;

int[] pattern = new[] {10, 10, 10,30, 60, 10, 40, 60, 120, 30,
                       10, 10,10, 60, 60, 120, 30, 10, 10, 10};
// Use this for initialization
```

Start 함수에서는 애니메이터 컴포넌트를 얻고 나중에 임의로 섞을 패턴을 설정한다.

```
void Start () {

anim = GetComponent<Animator>();
anim.SetBool("bIsDefending", true);

Shuffle(pattern);

patternLength = pattern.Length;
nextTick = pattern[0];

} // 시작
```

Update 함수는 앞서 설정한 값을 업데이트한다.

```
// Update is called once per frame
void Update () {

    myTick++;
    currentTick = myTick;

    if (currentTick == prevTick + nextTick) {
        int choice = Random.Range(1, 3);

        switch (choice) {

            // 펀치
            case 1: anim.SetBool("bIsDefending", false);
                anim.SetTrigger("tIsPunching");
                break;

            // 방어
            case 2: anim.SetBool("bIsDefending", true);
                break;

            // 대기 상태
            case 3: anim.SetBool("bIsDefending", false); break;
        }

        prevTick = currentTick;
        nextTick = pattern[patternCount];

        if ((patternCount + 1) >= pattern.Length){
            patternCount = 0;
            Shuffle(pattern);
        }
        else {
            patternCount++;
        }
    }
} // 업데이트
```

Shuffle 함수는 패턴을 임의로 섞는다.

```
void Shuffle(int[] a){

    for (inti = a.Length - 1; i> 0; i--){
        int rnd = Random.Range(0, i);
        int temp = a[i];
        a[i] = a[rnd];
        a[rnd] = temp;
    }

    for (inti = 0; i<a.Length; i++){
        Debug.Log(a[i]);
    }
} // 임의로 섞기
```

이 코드는 플레이어에서 사용한 코드와 마찬가지로, 애니메이터 컴포넌트를 저장할 private 변수를 만들었다.

그런 다음 myTick, currentTick, prevTick, nextTick, patternLength, patternCount를 포함하는 여러 정수 변수를 만든다.

myTick 변수는 계속 증가하는 카운터다. CurrentTick과 prevTick 변수는 각각 현재 프레임 틱과 마지막으로 행동을 수행한 틱을 저장한다.

patternLength 변수는 패턴 배열에 들어 있는 항목의 수를 저장하며, patternCount는 현재 사용 중인 패턴 번호를 저장한다.

pattern은 행동의 간격을 포함하는 배열이다.

Start 함수에서는 애니메이터 컴포넌트를 얻고 저장하며, isDenfendingbool 변수를 true로 설정해 적이 방어 자세로 시작하게 한다. 그런 다음 패턴을 섞고 patternLength와 nextTick에 패턴의 첫 번째 요소를 할당한다.

Update 함수에서는 틱을 증가시키고 currentTick에 myTick 값을 할당한다.

그런 다음 currentTick이 prevTick과 nextTick의 합과 같은지 검사해 다음 동작을 수행할 시간이 됐는지 확인한다.

다음 동작을 수행할 시간이 된 경우 1~3 범위의 난수 하나를 생성한다. switch 문에서 이 난수를 기준으로 적이 펀치, 방어, 대기 상태 중 하나를 수행한다.

그런 다음 prevTick을 currentTick으로 지정하고, nextTick을 다음 패턴 값으로 지정한다.

또한 patternCount를 증가시키고 그 값이 범위를 초과하는지 확인하며, 범위를 넘어선 경우 재설정한다.

즉 patternCount++ 값이 patternLength 이상인 경우 patternCount를 0으로 설정하고 패턴을 섞는다. 그렇지 않으면 patternCount를 증가시킨다.

마지막으로 패턴이 반복되지 않게 패턴을 섞는 함수가 있다. 이 스크립트 컴포넌트를 씬의 적 오브젝트에 추가하고 게임을 플레이하면 캐릭터가 대기 상태, 방어, 펀치 동작을 취하는 것을 볼 수 있다.

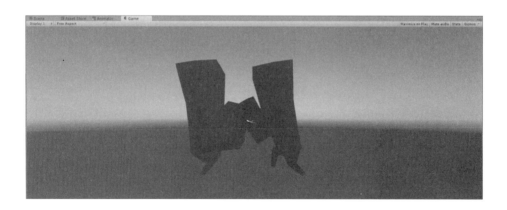

▌ 격투 완성

다음은 플레이어 캐릭터가 적의 공격에 반응하도록 행동을 변경해보자. playerScript를 열고 다음 코드 행을 추가한다. 클래스 맨 위에서 GameObject 형식의 public 변수 enemy 를 추가한다.

```
public GameObject enemy;
```

그런 다음 Update 함수의 시작 부분에서 enemy의 애니메이터 컴포넌트를 얻는다.

```
Animator eAnim = enemy.GetComponent<Animator>();
```

그리고 함수 안에서 공격 코드 뒤에 다음과 같은 코드를 추가한다.

```
// 맞기
if (eAnim.GetBool("tIsPunching")){
    if (anim.GetBool("bIsDefending") == false){
        //Debug.Log("I got hit");
        anim.SetTrigger("tGotHit");
    }
}
```

이 코드에서는 적이 공격하는데도 플레이어가 방어하지 않는 경우 gotHit 트리거를 true 로 설정한다.

다음 그림과 같이 적 캐릭터를 Inspector 패널의 플레이어 스크립트 컴포넌트에 있는 Enemy 필드로 드래그한다.

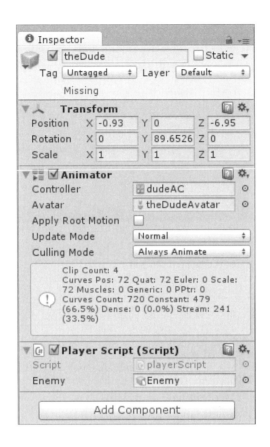

비슷하게 적 스크립트에도 player라는 public 게임오브젝트 변수를 추가한다.

```
public GameObject player;
```

플레이어 스크립트에서 한 방법처럼 Update 함수 끝부분에 다음과 같은 코드를 추가
한다.

```
Animator pAnim = player.GetComponent<Animator>();

// 맞기
if (pAnim.GetBool("tIsPunching")) {
    if (anim.GetBool("bIsDefending") == false) {
        //Debug.Log("I got hit");
        anim.SetTrigger("tGotHit");
    }
}
```

플레이어 캐릭터를 Inspector 패널의 적 스크립트 컴포넌트에 있는 Player 필드로 드래그
한다.

이제 게임을 플레이하고 적이 방어하지 않을 때 공격하면 맞기 애니메이션을 재생하는 것을 볼 수 있다.

현재는 플레이어가 계속 왼쪽 버튼을 클릭하면 플레이어 캐릭터가 연속으로 펀치를 날린다. 플레이어의 펀치 공격에 약간의 제약을 두는 코드를 추가해보자.

스크립트 맨 위쪽에 다음과 같은 변수를 추가한다.

```
float totalTime = 0.0f;
float timeSinceLastHit = 0.0f;
float hitTimeInterval = 30.0f * .016f;
```

Update 함수의 시작 부분에서는 시간을 증가시킨다.

```
totalTime += Time.deltaTime;
```

그리고 공격 코드를 다음과 같이 변경한다.

```
// 공격
if (totalTime>= timeSinceLastHit + hitTimeInterval){
    if (Input.GetButtonDown("Fire1")){
        anim.SetBool("bIsDefending", false);
        anim.SetTrigger("tIsPunching");

        timeSinceLastHit = totalTime;
        //Debug.Log("Fire pressed");
    }
}
```

216

▌ 요약

4장에서는 FBX 모델을 가져오는 방법과 애니메이션을 가져오는 방법, 그리고 각 애니메이션의 이름을 설정하는 방법을 배웠다. 애니메이션 컨트롤러를 만들고 애니메이션 간의 전환을 구성했다. 애니메이션 컨트롤러를 만든 후에는 코드를 통해 애니메이션을 제어하는 방법을 알아봤다.

플레이어 컨트롤 코드를 작성했고, 아주 기본적인 인공지능을 추가했으며, 패턴 반복을 피하기 위해 임의로 섞은 패턴을 이용해 인공지능 동작을 제어했다.

5장에서는 지금까지 배운 기본 지식을 바탕으로 올바른 게임 루프를 작성한다.

05

게임 플레이, UI, 효과

4장에서는 게임의 기본적인 틀을 만들었고, 올바른 애니메이션을 트리거하는 방법과 캐릭터 컨트롤을 구현하는 방법을 배웠다. 5장에서는 게임의 시작, 점수, 게임 종료를 처리할 수 있는 게임 루프를 추가해 게임을 완성하겠다.

점수 처리의 경우 우선은 플레이어와 적의 체력을 디버그 로깅하는 간단한 방법을 사용하지만, 나중에는 유니티의 GUI^{Graphical User Interface} 시스템을 이용해 플레이어와 적의 체력 표시를 추가하는 방법을 알아본다.

마지막으로 유니티의 파티클 시스템과 그 매개변수에 대해 알아보고, 게임에 필요한 파티클 효과를 만들어본다.

5장에서 다룰 주제는 다음과 같다.

- 게임 플레이 완성
- 유니티 GUI의 이해
- 체력과 게임 종료 표시를 위한 GUI 추가
- 파티클 시스템 소개
- 축포 파티클 효과 만들기

▌ 게임 플레이 완성

플레이어와 적 캐릭터의 체력을 처리하려면 먼저 두 캐릭터의 체력과 대미지를 저장하는 변수가 필요하다.

playerScript를 열고 클래스 맨 위에 health와 damage 변수를 추가하고 두 변수의 값을 각각 100과 10으로 설정한다. 즉 플레이어는 체력 100을 가지고 게임을 시작하며 적을 공격할 때마다 대미지 10을 가한다.

```
using UnityEngine;
using System.Collections;
public class playerScript : MonoBehaviour {
    public int health = 100;
    public int damage = 20;

    private Animator anim;
    // 나머지 코드
}
```

enemyScipt 클래스에도 비슷한 코드를 추가해야 한다. 이번에도 플레이어와의 형평성을 위해 적의 체력과 대미지를 100과 10으로 설정한다. 다른 코드에서 이러한 변수에 접근할 수 있도록 public 접근 변경자를 지정하는 작업을 잊지 말자.

```
public class enemyScript : MonoBehaviour {

    public int health = 100;
    public int damage = 10;

    private Animator anim;
    // 나머지 코드
}
```

이제 플레이어와 적이 공격을 당할 때마다 각 캐릭터의 대미지 수치만큼 체력이 감소하게 해야 한다. 따라서 Update 함수에서 플레이어나 적이 맞는지 확인하는 코드에 캐릭터의 체력을 상대의 대미지만큼 감소시키는 코드를 추가한다.

enemyScript에서 적이 맞았는지 확인하는 코드를 다음과 같이 변경한다.

```
GameObject player = GameObject.Find("theDude");
Animator pAnim = player.GetComponent<Animator>();

playerScript pScript = player.GetComponent<playerScript>();

// 맞기

if (pAnim.GetBool("tIsPunching")){
    if (anim.GetBool("bEnemyIsDefending") == false) {
        Debug.Log("enemy got hit");
        anim.SetTrigger("tEnemyGotHit");
        anim.SetBool("bEnemyIsDefending", true);
        health -= pScript.damage;
    }
}
```

플레이어 스크립트에 접근하기 위해 player 게임오브젝트를 얻은 다음 여기에 GetCom ponent를 사용했다.

스크립트에 접근한 다음에는 플레이어의 대미지 값을 얻고 적의 현재 체력에서 플레이어의 대미지 값을 뺀다. 다음은 playerScript로 이동해서 같은 방법으로 플레이어가 적에게 맞았을 때 체력을 감소시키는 코드를 추가한다.

```
GameObject enemy = GameObject.Find("Enemy");

Animator eAnim = enemy.GetComponent<Animator>();

enemyScript eScript = enemy.GetComponent<enemyScript>();

if (eScript.isPunching == true) {
    if (anim.GetBool("bIsDefending") == false) {
        Debug.Log("player got hit");
        anim.SetTrigger("tGotHit");
        health -= eScript.damage;
    }
}
```

플레이어 스크립트에서도 적 스크립트에서와 같은 방법으로 적 스크립트에 접근하며, 적의 damage 변수에 접근한 다음에는 플레이어의 체력을 적의 대미지만큼 감소시킨다. 이제 게임을 실행하고 Console 패널을 보면 다음 그림과 같이 Player Health와 Enemy Health 엔터티가 적절하게 변경되는 것을 알 수 있다.

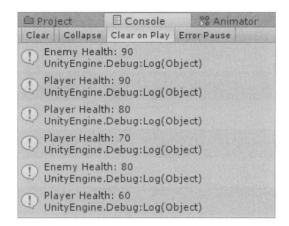

플레이어와 적의 체력을 계산한 다음에는 게임 종료 조건을 설정할 수 있다. 즉 플레이어의 체력이나 적의 체력이 0 이하로 떨어지면 게임이 끝난다.

게임 루프는 세 번째 스크립트에서 처리한다. 스크립트 이름을 gameScript라고 하자.

이 스크립트는 playerScript와 enemyScript에 모두 접근하고 플레이어와 적의 체력을 모두 확인하는 간단한 일을 한다. 플레이어나 적의 체력이 0 이하가 되면 게임이 끝났음을 알린다.

gameScript라는 스크립트를 새로 만들고 다음과 같은 코드를 추가한다.

```
using System.Collections;
using System.Collections.Generic;
using UnityEngine;

public class gameScript : MonoBehaviour {

    playerScript pScript;
    enemyScript eScript;
    public bool bGameover = false;

    // Use this for initialization
```

```
void Start () {
    GameObject player = GameObject.Find("theDude");
    pScript = player.GetComponent<playerScript>();

    GameObject enemy = GameObject.Find("Enemy");
    eScript = enemy.GetComponent<enemyScript>();
}

// Update is called once per frame
void Update () {
    if (!bGameover) {

        int playerHealth = pScript.health;
        int enemyHealth = eScript.health;

        /* Debug.Log("PlayerHealth: " + playerHealth + "
        EnemyHealth: " + enemyHealth); */

        if (playerHealth<= 0 || enemyHealth<= 0) {
            bGameover = true;
            Debug.Log(" +++++ GAMEOVER +++++");
        }
    }
}
}
```

클래스 맨 위에는 세 개의 변수가 있다. 처음 두 변수는 각각 플레이어 스크립트와 적 스크립트에 접근하는데 사용된다. 세 번째 변수는 게임이 끝났는지 여부를 결정하는 public 불린이며, 게임을 시작할 때는 당연히 false로 설정한다.

Start 함수에서는 플레이어와 적 게임오브젝트를 찾고 getComponent 함수를 이용해 각 오브젝트의 스크립트에 접근한다.

Update 함수에서는 먼저 게임이 끝났는지 여부를 확인한다. 게임이 끝나지 않은 경우, 플레이어와 적의 체력을 얻고 각각 playerHealth와 enemyHealth라는 로컬 변수에 저장한다.

그런 다음 플레이어의 체력이나 적의 체력이 0 이하인 경우 bGameover 불린 변수를 true 로 설정하고 Debug.log를 호출해 게임이 끝났음을 알린다.

이 스크립트를 실제로 실행하려면 씬에 있는 오브젝트에 연결해야 한다. 이를 위해 더미 오브젝트를 추가해도 되지만 이미 씬에 있는 카메라에 연결하면 간단하다. 즉 gameScript 를 컴포넌트로서 카메라에 연결한다.

스크립트를 카메라에 연결한 다음에는 게임을 실행하고 게임 종료 조건이 제대로 처리되 는지 확인한다.

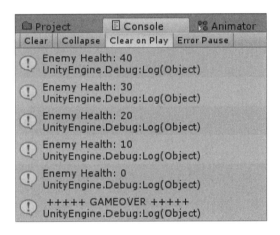

그런데 게임 종료 조건이 충족돼도 실제로 게임이 끝나지는 않으며, 플레이어와 적이 계 속 서로를 공격할 수 있다. 이 문제를 해결해보자.

이 문제를 해결하려면 플레이어 스크립트와 적 스크립트에서 gameScript 클래스에 접근 하고, 게임이 끝난 경우 업데이트를 중단해야 한다. 우선 playerScript 클래스 맨 위쪽에 mainCamera라는 게임오브젝트 변수를 추가한다.

```
public class playerScript : MonoBehaviour {

    public int health = 100;
```

```
    public int damage = 20;

    float totalTime = 0.0f;
    float timeSinceLastHit = 0.0f;
    float hitTimeInterval = 0.0f;

    private Animator anim;

    public GameObject mainCamera;

    // 나머지 코드
}
```

Update 함수에서는 카메라의 gameScript 컴포넌트에 접근하고 이 함수의 나머지 코드를 모두 게임이 끝났는지 확인하는 if 조건 안에 넣는다.

게임이 끝나지 않은 경우 if 조건 내의 모든 코드가 실행되지만, 게임이 끝난 경우 나머지 업데이트 작업을 모두 생략한다. 수정된 Update 함수는 다음과 같다.

```
void Update () {
    gameScript gScript = mainCamera.GetComponent<gameScript>();

    if (!gScript.bGameover) {
        totalTime += Time.deltaTime;

        // 맞기
        GameObject enemy = GameObject.Find("Enemy");
        Animator eAnim = enemy.GetComponent<Animator>();
        enemyScript eScript = enemy.GetComponent<enemyScript>();

        if (eScript.isPunching == true) {
            if (anim.GetBool("bIsDefending") == false) {

                //Debug.Log("player got hit");
                anim.SetTrigger("tGotHit");
```

```
            health -= eScript.damage;
                Debug.Log("Player Health: " + health);
            }
        }
        // 방어
        if (Input.GetButtonDown("Fire2")) {
            //Debug.Log("Jump pressed");
            anim.SetBool("bIsDefending", true);
        }
        else if (Input.GetButtonUp("Fire2")) {
            anim.SetBool("bIsDefending", false);
        }

        // Debug.Log("Delta time" + timeChangeInMillis);
        // 공격
        if (totalTime>= timeSinceLastHit + hitTimeInterval) {
            if (Input.GetButtonDown("Fire1")) {
                anim.SetBool("bIsDefending", false);
                anim.SetTrigger("tIsPunching");

                timeSinceLastHit = totalTime;
                //Debug.Log("Fire pressed");
            }
        }
    }// 게임 종료 여부 확인
}// 업데이트
```

다음은 적 스크립트에서도 비슷한 작업을 해야 한다. 수정된 enemyScript 코드는 다음과 같다.

```
using UnityEngine;
using System.Collections;

public class enemyScript : MonoBehaviour {
```

```
public int health = 100;
public int damage = 10;

private Animator anim;

public GameObjectmainCamera;

// public GameObject player;

int myTick = 0;
int currentTick = 0;
int prevTick = 0;
int nextTick = 10;
int punchTick = 0;

public bool isPunching = false;

int[] pattern = new[] {120, 30, 180, 30, 60, 30, 40, 60, 180,
                       30, 30, 30 ,120, 60, 60, 180, 30, 30,
                       120, 30 };
int patternCount = 0;
// Use this for initialization

void Start () {
    anim = GetComponent<Animator>();
    anim.SetBool("bEnemyIsDefending", true);

    Shuffle(pattern);

    nextTick = pattern[0];
} //시작

// Update is called once per frame
void Update () {
    punchTick--;
    myTick++;
    currentTick = myTick;
```

```
gameScript gScript = mainCamera.GetComponent<gameScript>();

if (!gScript.bGameover) {

    GameObject player = GameObject.Find("theDude");
    Animator pAnim = player.GetComponent<Animator>();
    playerScript pScript = player.GetComponent<playerScript>();

    // 맞기
    if (pAnim.GetBool("tIsPunching")) {
        if (anim.GetBool("bEnemyIsDefending") == false) {
            // Debug.Log("enemy got hit");
            anim.SetTrigger("tEnemyGotHit");
            anim.SetBool("bEnemyIsDefending", true);

            health -= pScript.damage;

            Debug.Log("Enemy Health: " + health);
        }
    }

    if (currentTick == prevTick + nextTick) {
        int choice = Random.Range(1, 4);
        // Debug.Log("Choice" + choice);
```

적은 1~3 범위의 난수값을 기준으로 공격, 방어, 대기 상태 중 하나를 수행한다.

```
switch (choice)
{
    // 펀치
    case 1:
        anim.SetBool("bEnemyIsDefending", false);
        anim.SetTrigger("tEnemyIsPunching");
        anim.SetBool("bEnemyIsDefending", true);
        isPunching = true;
        punchTick = 1;
```

```
                    break;

            // 방어
            case 2:
                anim.SetBool("bEnemyIsDefending", true);
                break;

            // 대기 상태
            case 3:
                anim.SetBool("bEnemyIsDefending", false);
                break;
        }

        prevTick = currentTick;
        nextTick = pattern[patternCount];//Random.Range(20, 300);

        if ((patternCount + 1) >= pattern.Length) {
            patternCount = 0;
            Shuffle(pattern);
        }
        else {
            patternCount++;
        }
    }

    if (punchTick<= 0) {
        punchTick = 0;
        isPunching = false;
    }
}// 게임 종료 여부 확인
}// 업데이트
```

Shuffle 함수는 매번 다른 난수의 집합을 얻기 위해 초기 배열을 임의로 섞는다.

```
void Shuffle(int[] a) {
    for (int i = a.Length - 1; i > 0; i--){
        int rnd = Random.Range(0, i);
        int temp = a[i];

        a[i] = a[rnd];
        a[rnd] = temp;
    }

    for (int i = 0; i <a.Length; i++){
        // Debug.Log(a[i]);
    }

}// 임의로 섞기
```

▌ 유니티 uGUI의 이해

유니티 uGUI 시스템을 사용하면 아주 편리하게 GUI 요소를 설정할 수 있다. 이 절에서
는 uGUI의 작동 방식과 씬에 이미지와 텍스트를 표시하는 방법을 알아본다. 또한 다음
절에서 플레이어와 적 캐릭터의 체력을 구현하면서 텍스트를 동적으로 변경하는 방법을
배운다.

유니티의 모든 UI 요소는 다음 그림에 나오는 것처럼 GameObject ❯ UI 메뉴에서 선택할
수 있다.

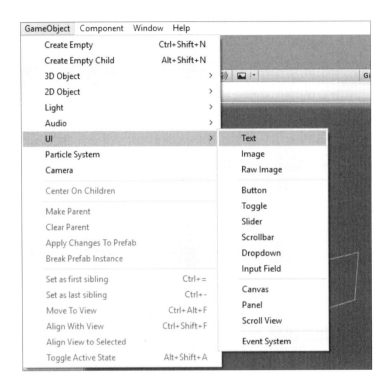

기본 UI 요소로는 그림에서 팝업 메뉴 상단의 세 항목에 해당하는 Text, Image, Raw Image
가 있다.

메뉴 항목 중 Text는 점수, 체력, 에너지 등을 표시할 수 있는 기본 텍스트 요소를 추가한다. 다른 텍스트 요소와 마찬가지로 텍스트 높이, 글꼴, 스타일(볼드 또는 이탤릭)을 지정할 수 있다. 새로운 텍스트 요소를 만들 때는 Canvas, Text, EventSystem 같은 옵션이 있다.

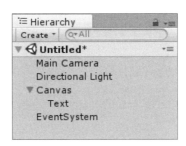

새로운 텍스트 UI 요소를 생성하면 다음 그림과 같이 기본 텍스트 New Text가 씬 중앙에 표시된다.

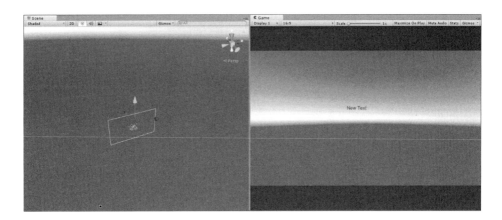

Canvas 메뉴 항목은 씬에서 텍스트 컴포넌트가 존재하는 위치를 나타내며, 텍스트를 씬에 렌더링하는 역할도 한다. 캔버스를 마우스 오른쪽 버튼으로 클릭하고 직접 컴포넌트를 추가할 수 있으며, 빈 게임오브젝트를 추가할 수도 있다.

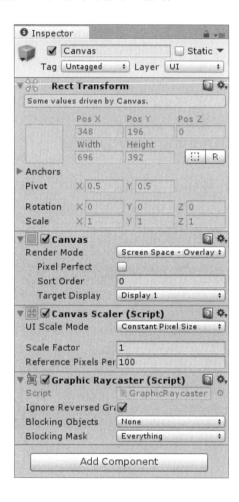

캔버스에는 Canvas, Canvas Scaler, Graphics Raycaster라는 세 개의 스크립트가 포함된다.

캔버스의 렌더링 모드는 기본적으로 Screen Space - Overlay로 설정되지만, Screenspace Camera나 World Space 옵션을 선택할 수도 있다. Screen Space - Overlay를 선택하면 텍스트가 카메라의 포커스에 관계없이 항상 씬에서 맨 위에 표시된다. 이 모드는 UI가 항상 맨 위에 표시돼야 하는 일반적인 게임에 사용된다.

선택된 카메라에 따라 다른 UI를 사용하려면 ScreenSpace Camera를 사용하고 카메라별로 다른 UI를 연결하면 된다. 다른 UI 사이를 이동하려면 UI가 연결된 카메라 사이를 전환하면 된다.

World Space 모드에서는 캔버스를 월드 위치에 따라 배치한다. 즉 버튼이나 텍스트를 3D 공간에 넣고 적절하게 배치할 수 있으며, 텍스트를 이동, 회전, 배율 조정할 수 있다. 사용자는 UI 요소를 전환하고 사용할 수 있다. 따라서 3D 공간에 최대한 자유롭게 UI 요소를 배치할 수 있다.

Pixel Perfect 옵션은 텍스트를 픽셀 격자에 맞게 정렬한다. Canvas Scaler는 해상도를 기준으로 텍스트의 배율을 조정한다. 기본적으로 Constant Pixel Size가 선택된다. Scale with Screen Size 또는 Constant Physical size로 설정할 수도 있다.

Graphics Raycaster 스크립트는 키보드, 마우스 또는 터치로 입력을 받는 역할을 한다. 이 스크립트가 없으면 UI 요소가 마우스 클릭과 키보드 이벤트를 받을 수 없다.

다음으로 Event System 옵션과 이벤트 시스템 컴포넌트에 대해 알아보자.

이벤트 시스템은 키보드, 마우스, 컨트롤러에서 받은 입력을 처리하는 역할을 한다. 마우스 클릭으로 특정 이벤트를 트리거하려면 이벤트 시스템에서 지정하면 된다.

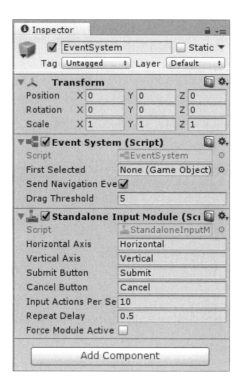

새로운 UI 컴포넌트를 만들 때마다 이와 연결된 캔버스와 이벤트 시스템 컴포넌트가 자동으로 함께 생성된다. 텍스트를 선택하고 이러한 컴포넌트를 자세히 살펴보자.

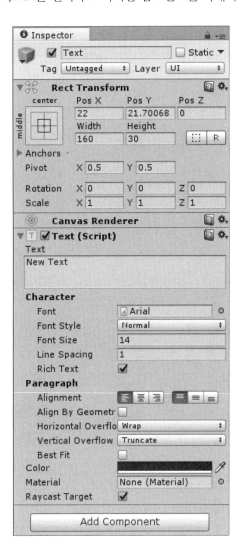

UI 게임오브젝트는 다른 게임오브젝트와 비슷하지만 일반적인 트랜스폼 컴포넌트 대신 렉트 트랜스폼Rect Transform 컴포넌트를 가지며, 캔버스 렌더러를 포함하고, 텍스트 스크립트 컴포넌트가 연결돼 있다.

렉트 트랜스폼은 여러 프로퍼티를 가지는데, 그중에서 위치와 너비, 높이가 중요하다. 이들 프로퍼티는 앵커 설정에 따라 다르게 적용되는데, 기본적으로 세로 중앙middle과 가로 중앙center으로 설정된다. Anchor Presets 옵션을 클릭하고 프리셋을 변경할 수 있다.

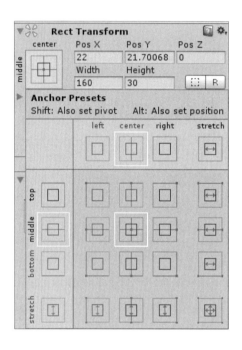

앵커 프리셋을 변경하면 씬에서 버튼이나 텍스트의 X와 Y 위치도 변경된다. 필요하다면 앵커를 수동으로 변경할 수도 있다.

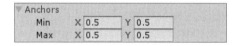

Pivot 필드는 UI를 회전시킬 때 기준 위치 역할을 하는 앵커를 설정한다. Rotate와 Scale 필드는 다른 트랜스폼 오브젝트에 있는 필드와 같은 역할을 한다.

텍스트 스크립트 컴포넌트에는 텍스트 입력 필드가 있으며, 여기에 씬에 표시할 텍스트를 입력할 수 있다.

그 다음에는 Character 섹션이 있다. 여기에서는 글꼴과 글꼴 스타일(일반, 볼드, 이탤릭 등), 글꼴 크기 행간 등을 포함하는 문자의 프로퍼티를 변경할 수 있다. 유니티에서는 문자 간의 가로 간격은 변경할 수 없다.

Paragraph 섹션에서는 문단의 위치, 색, 머티리얼을 설정할 수 있다. 문자를 가운데 정렬하거나 가로 및 세로 오버플로를 설정할 수 있다.

텍스트가 아닌 이미지 UI 요소를 추가해도 캔버스와 이벤트 시스템은 유지되지만, 이미지 요소의 렉트 트랜스폼과 캔버스 렌더러 프로퍼티가 추가된다. 또한 텍스트 스크립트 대신 이미지 스크립트가 추가된다.

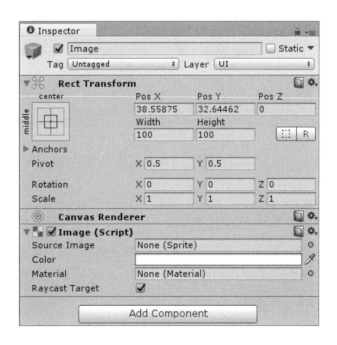

이미지 스크립트에는 텍스트 스크립트보다 적은 프로퍼티가 있다. **Source Image** 옵션은 표시할 이미지를 지정한다. 이미지의 색이나 머티리얼을 변경할 수도 있다.

지금까지 알아본 내용을 활용해 플레이어와 적의 체력과 게임이 끝났을 때 표시할 게임 종료 텍스트 오버레이를 만들어보자.

▌ 체력과 게임 종료 표시를 위한 GUI 추가

게임 씬에 GUI 세 개의 텍스트 요소를 추가하고 각각 이름을 enemyHealthText, playerHealthText, gameOverText로 지정한다.

다음 그림에서 보듯이 enemyHealthText 텍스트를 배치하고, 앵커는 중앙, 글꼴 크기는 32로 설정한다. 나머지 옵션은 모두 기본값이다.

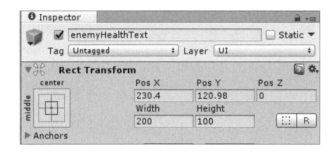

playerHealthText는 다음 그림과 같이 설정하며, 글꼴 크기는 역시 32로 입력한다.

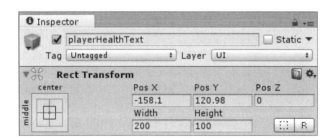

텍스트 색은 적 체력은 파란색, 플레이어 체력은 빨간색으로 변경한다. gameoverText 텍스트는 캔버스 중앙에 배치하고 텍스크 크기는 75, 색상은 자주색으로 설정해 눈에 잘 보이게 한다.

Text 필드에는 다음 그림과 같이 GAMEOVER!!!를 입력한다.

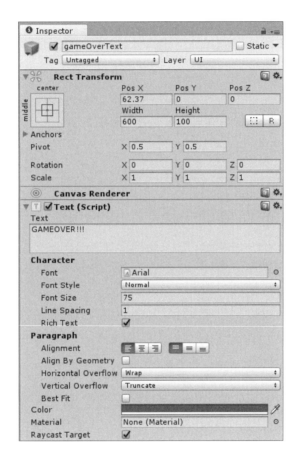

아직 코드로 텍스트를 제어하는 방법은 살펴보지 않았는데, 지금부터 그 방법을 알아보자.

gameScript 스크립트를 열고 다음과 같이 텍스트 형식의 public 변수 세 개를 추가한다. 이 변수는 앞서 만든 Text UI 요소의 텍스트 오브젝트를 저장하는 데 사용된다.

```
public Text enemyTextInstance;
public Text playerTextInstance;
public Text gameOverText;
```

클래스가 제대로 작동하려면 UI 네임스페이스를 클래스 맨 위에 추가해야 한다. 클래스 맨 위에 다음 행을 추가한다.

```
using UnityEngine.UI;
```

Update 함수에서는 적과 플레이어의 체력 값을 가져온 후 다음과 같이 새로 생성한 텍스트 변수에 값을 지정한다.

```
int playerHealth = pScript.health;
int enemyHealth = eScript.health;

enemyTextInstance.text = "Health: " + enemyHealth.ToString();
playerTextInstance.text = "Health: " + playerHealth.ToString();
```

다음 그림과 같이 gameScript가 연결된 MainCamera가 선택된 상태로 Hierarchy 패널에서 enemyHealthText (Text), playerHealthText (Text), gameOverText (Text)를 스크립트 컴포넌트의 해당하는 세 필드로 드래그한다.

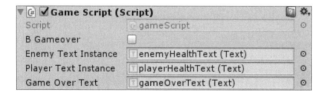

마지막으로 게임 종료 텍스트가 정상적으로 나오는지 확인하기 위해 gameScript의 start 함수에서 gameOverText를 false로 설정한다.

```
gameOverText.enabled = false;
```

Update 함수에서는 bGameover 불린 변수가 true로 설정된 것이 확인되면 gameOverText를 true로 설정한다.

```
gameOverText.enabled = true;
```

이제 게임을 실행하면 점수가 정상적으로 업데이트된다.

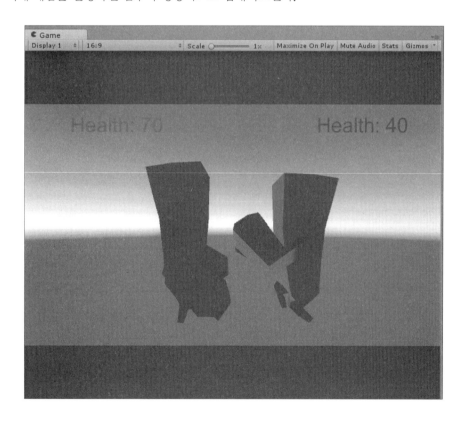

게임이 끝나면 게임 종료 텍스트 오버레이가 표시된다.

이것으로 기본적인 게임 플레이를 완성했다. 다음은 파티클 효과를 이용해 씬에 흥미로운 효과를 추가해보자.

▌ 파티클 시스템 소개

파티클 효과는 게임의 분위기를 연출하거나 무언가 특별한 일이 일어나고 있음을 알리는 등 게임의 경험에서 중요한 부분을 차지한다. 파티클 효과를 사용하면 먼지, 구름, 비 등의 자연 현상은 물론, 게임 종료를 알리는 등의 인위적인 특수 효과도 표현할 수 있다. 이 예제에서는 게임이 끝났을 때 색종이confetti 효과를 만들어보자.

유니티의 파티클 시스템도 하나의 게임오브젝트다. 파티클 시스템을 만들려면 GameObject 메뉴에서 Particle System 항목을 선택한다.

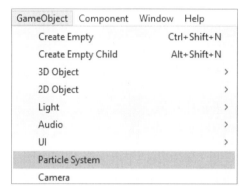

메인 카메라로부터 먼 위치에 생성될 수 있으므로 키보드의 F 키를 눌러 파티클 시스템을 강조 표시한다. 이 책에서는 900, 300, −26 위치에 생성됐다. 파티클 위치에 대해서는 아직 걱정할 필요가 없다. 나중에 파티클을 스폰spawn할 때 수동으로 위치를 설정할 것이다.

파티클 시스템으로 확대하면 원뿔 모양의 방출기와 여기에서 방출되는 파티클을 볼 수 있다. 원뿔은 현재 방출기의 모양이며 흰색 파티클은 이 파티클 시스템에서 방출되는 파티클의 모양이다. 다음 그림을 확인해보자.

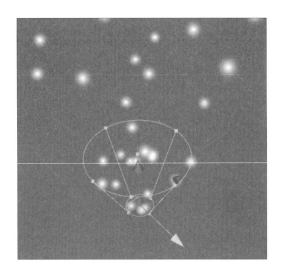

다른 게임오브젝트와 마찬가지로 파티클 시스템을 배치할 수 있는 화살표 세 개가 표시된다. 방출기를 이동, 회전, 배율 조정하려면 간단하게 Q, W, E 키를 각각 눌러도 된다.

Hierarchy 패널에서 **파티클 시스템**을 선택하면 씬에서 파티클이 어떻게 생성되는지를 미리 볼 수 있다. 다른 오브젝트를 선택하거나 파티클 시스템의 선택을 해제하면 애니메이션이 중지된다. 즉 파티클이 어떻게 생성되는지 미리 보려면 Hierarchy 패널에서 파티클 시스템을 선택하고 씬을 보면 된다.

Inspector 패널에서 수정할 수 있는 파티클 시스템의 중요한 프로퍼티에 대해 알아보자.

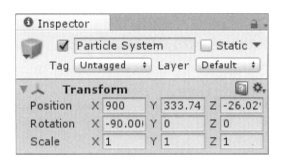

다른 게임오브젝트와 마찬가지로 파티클 시스템을 이동, 회전, 배율 조정할 수 있다. 다음 그림에는 이러한 프로퍼티의 일부가 나온다. 이러한 프로퍼티는 파티클이 처음 생성되는 방법에 영향을 준다.

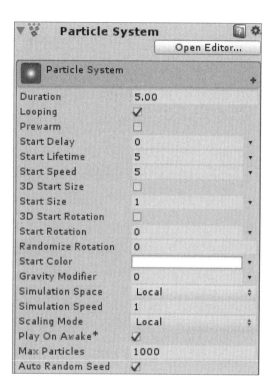

다음은 여기에 나온 모든 프로퍼티를 정리한 내용이다.

- Duration: 파티클을 얼마나 오래 생성할지 지정한다. 기본적으로 5초로 설정된다. 현재는 루프가 선택돼 있으므로 차이를 느낄 수 없지만, 루프를 해제하고 Hierarchy에서 파티클 시스템을 선택해보면 파티클이 5초간 방출된 후 중단되는 모습을 볼 수 있다.
- Looping: 파티클을 계속 스폰할지 여부를 지정한다. 파티클을 한 차례만 스폰하려면 루프를 해제한다.

- Prewarm: 파티클을 사전에 로드해 씬을 시작할 때 파티클이 함께 생성되는 것처럼 보이지 않게 한다. 예를 들어 폭포 효과를 내는 파티클 시스템이 있는 경우, 씬을 로드할 때 폭포에서 원래부터 물이 떨어지고 있는 것처럼 보인다. 씬이 로드된 후 폭포에서 물이 떨어지기 시작하면 현실감이 떨어진다.

- Start Delay: 파티클을 시작하기 전 지연 시간을 설정한다. 현재는 Hierarchy에서 파티클 시스템을 선택하는 즉시 파티클이 방출되기 시작하지만, 1초간 대기한 후 파티클이 나오게 하려면 여기에 1.0을 입력하면 된다.

- Start Lifetime: 각 파티클은 일정 시간 동안 유지된 후 씬에서 삭제된다. 기본적으로 파티클은 생성된 후 5초가 지나면 삭제된다. 파티클이 씬에서 더 오래 지속되게 하려면 이 프로퍼티 값을 증가시키면 된다.

- Start Speed: 각 파티클의 초기 속도이며 기본값은 5다.

- Start Size: 각 파티클의 초기 크기이며 기본값은 1이다. 파티클은 처음 이 크기로 생성된다. 파티클의 크기를 반으로 줄이고 싶다면 0.5를 지정하면 된다.

- Start Rotation: 파티클이 회전된 상태로 생성되게 하려면 여기에 원하는 각도를 입력하면 된다.

- Randomize Rotation: 파티클이 각기 다른 각도로 회전된 상태로 생성되게 하려면 여기에 원하는 각도의 범위를 지정한다. 모든 파티클을 동일한 각도로 회전시키는 Start Rotation과는 달리, Randomize Rotation은 각 파티클을 다른 각도로 회전시킨다.

- Start Color: 각 파티클의 초기 색상을 지정하며 기본값은 흰색이다. 색상 견본을 클릭하고 원하는 색상을 지정할 수 있다.

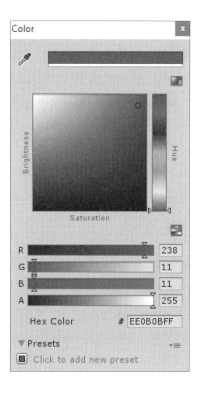

- **Gravity Modifier**: 중력을 활성화한다. 기본값 0은 무중력을 의미하며 1은 최대 중력을 의미한다. 0~1 범위의 값을 지정할 수 있다.

- **Simulation Space**: 각 파티클에 적용되는 모든 변경을 각 파티클의 원래 기준점을 기준으로 적용한다. 기본값은 로컬이다.

- **Simulation Speed**: 시뮬레이션이 계산되는 속도를 지정한다. 시뮬레이션의 속도를 높이거나 낮출 수 있다. 파티클 시스템이 성숙하는데 시간이 걸리는 경우 속도를 지정해 파티클의 동작을 확인할 수 있다.

- **Scale Mode**: 각 파티클의 배율을 조정하는 기준점을 로컬, 방출기 또는 월드로 설정한다. 기본값은 로컬이다.

- **Play on Awake**: 파티클 시스템은 씬이 시작되면 곧바로 활성화된다. 파티클이 씬 시작과 함께 활성화되지 않게 하려면 이 옵션을 해제하면 된다.

- **Max Particles**: 씬에서 동시에 존재할 수 있는 파티클의 최대 수를 지정하며 기본 값은 1,000이다. 한 화면에 그려야 하는 파티클의 수가 증가하면 렌더링 호출 횟수도 증가하므로, 이 값은 게임의 성능을 위해 가급적 낮게 유지하는 것이 좋다.
- **Auto Random**: 시드를 생성해 각 파티클의 스폰과 움직임을 자동으로 무작위화한다.

다음에 나오는 프로퍼티는 모두 선택적이며, 기능을 활성화하려면 해당 옵션을 선택하고 부속 프로퍼티를 지정해야 한다.

- **Emission**: 초당 생성되는 파티클의 수를 지정한다. **Rate over Time** 옵션은 10으로 설정되며, 1초당 파티클 10개가 생성된다는 의미다. 1로 설정하면 초당 파티클 1개가 생성된다. **Rate over Distance** 옵션은 월드 스페이스 시뮬레이션이 사용될 때만 효과가 있다. **Bursts** 모드에서는 처음에 설정한 기간을 기준으로 파티클의 분출효과를 만들 수 있다. 여기에서 + 아이콘을 클릭하면 5초마다 파티클 30개를 생성한다.

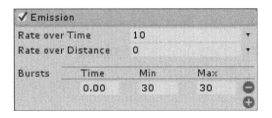

- **Shape**: 파티클 시스템 자체의 모양을 지정한다. 기본값은 원뿔을 의미하는 Cone 이다. 파티클 시스템이 원뿔 모양이므로 지정된 모양에서 파티클이 위쪽으로 생성되고 배출된다. 파티클이 모든 방향에서 분산되게 하려면 여기에서 구 모양을 의미하는 Sphere를 지정하면 된다. 박스, 메시, 원, 에지 중에서 선택할 수도 있다. 메시를 선택하면 특정한 메시를 지정하고 이 메시 모양에서 파티클이 생성되게 할 수 있다.

- 각도, 반지름 등의 다른 프로퍼티도 있다.
- Emit from: 파티클이 생성되는 위치를 Base, Base Shell, Volume, Volume Shell 중에서 선택한다.
- 방향을 임의로 하거나 특정 방향으로 정렬할 수도 있다.

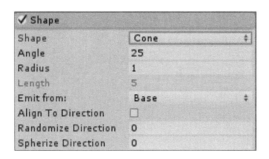

- Velocity over Lifetime: 속도가 시간에 따라 변경되게 하려면 여기에 원하는 값을 지정한다. 값을 지정하지 않으면 처음 설정된 속도가 계속 유지된다.
- Limit velocity Over Lifetime: 파티클 속도를 제한해서 파티클이 시간에 따라 일정 속도에 도달하면 정해진 속도를 유지하거나 점차 감속하게 한다.
- Inherit Velocity: 방출기 자체의 속도를 기준으로 파티클의 속도를 제어한다. 방출기가 빠르게 움직일수록 파티클도 빨라진다.
- Force Over Lifetime: 시간에 따른 각 파티클의 작용력을 설정한다. 즉 이 값을 설정하면 파티클이 시간에 따라 점차 빨라진다.
- Color Over Lifetime: 각 파티클의 색을 파티클의 생성 시점에 따라 바꿀 수 있다.
- Color by Speed: 각 파티클의 색을 파티클의 속도를 기준으로 지정한다.
- 비슷하게 파티클의 수명 주기에서 현재 시점이나 현재 이동 속도를 기준으로 크기와 회전 각도를 제어할 수 있다.
- External Force: 예를 들어 바람이 불 때 파티클이 날리는 것 같은 외부 작용력 external force을 시뮬레이션할 수 있다.

- **Noise**: 펄린 노이즈perlin noise와 비슷한 텍스처를 사용해 파티클의 이동과 동작에 무작위성을 적용한다.

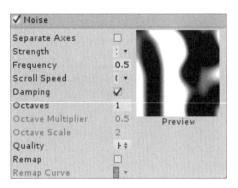

- **Collision**: 파티클은 씬의 다른 오브젝트에 반응하지 않으므로, 파티클 앞에 다른 오브젝트를 배치하면 파티클이 이 오브젝트를 관통한다. 충돌을 활성화하면 파티클이 오브젝트를 관통하지 않고 오브젝트 표면에 충돌한다.

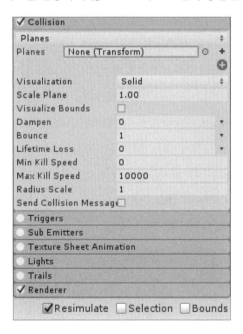

- Triggers: 이 옵션을 사용하면 파티클을 트리거로 사용할 수도 있다.

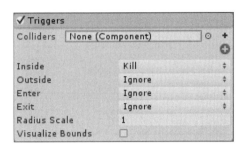

- Sub Emitter: 이 옵션을 사용하면 각 파티클이 오브젝트를 배출하게 할 수 있다. 각 파티클이 다른 파티클을 배출하게 하는 것도 가능하다.
- Texture Sheet Animation: 각 파티클에 정적인 이미지를 표시하는 대신 텍스처 시 트를 지정해 애니메이션 효과를 줄 수 있다.

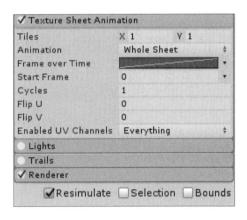

- Lights and Trils: 각 파티클에 광원과 흔적을 추가해 더 화려한 효과를 만들 수 있다.
- Renderer: 빌보드나 메시와 같은 파티클 자체의 모양을 비롯한 여러 프로퍼티 를 지정할 수 있다. 메시를 선택한 경우 박스, 구, 원뿔 등의 3D 오브젝트를 지 정하고 파티클의 정방향normal direction 및 머티리얼 같은 여러 부속 프로퍼티를 지 정한다.

정렬 모드, 최소와 최대 파티클 크기, 정렬 기준, 피벗 위치을 지정할 수 있다. 또한 각 파티클이 그림자를 생성하거나 표시하게 하고 라이트 프로브와 반사 프로브를 지정할 수 있다.

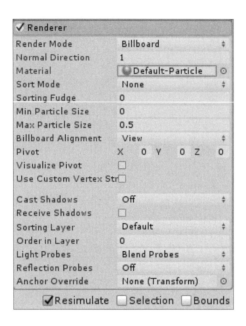

▌ 색종이 파티클 효과 만들기

파티클 시스템으로 색종이 날림 효과를 만들 수 있다. 파티클 시스템의 초기 설정으로 위치는 0, 0, −7.5를 사용하고 회전과 배율 조정값은 기본값을 유지한다.

Duration은 4로 유지하고 Looping 옵션은 해제해서 축포의 색종이가 계속 생성되게 한다. Start Delay는 0으로 설정한다.

Start Speed는 5로 설정하고 3D Start Size는 X, Y, Z 방향 모두 0.25로 설정한다. 3D Start Rotation은 해제하고 Start Rotation과 Randomize Rotation은 0으로 설정한다.

Start Color는 빨간색과 파란색 사이에서 무작위로 선택하게 한다. Gravity Multipler는 0.125로 설정해 색종이가 최대 높이에 도달한 후에는 아래쪽으로 떨어지게 했다.

나머지 초기값은 기본값으로 유지한다.

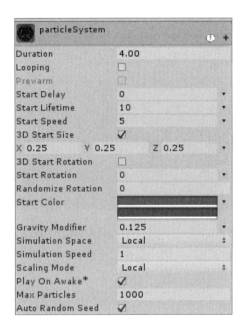

Emission은 Rate over Time에 20으로 설정하고 Shape는 Cone으로 설정한다.

색종이의 색이 시간에 따라 바뀌게 해서 더 현란한 효과를 보여주도록 Color Over Lifetime과 Color by Speed 프로퍼티를 모두 Random Between 2 Gradients로 설정한다.

파티클의 크기가 시간에 따라 변하도록 Size over Lifetime도 수정한다. 파티클이 처음에는 작지만 수명이 끝날 때는 최대 크기가 되도록 Size를 곡선으로 설정한다.

곡선의 모양은 다음 그림과 같다.

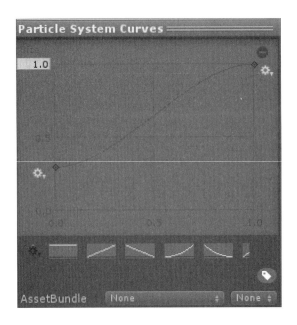

Rotation over Lifetime과 Rotation by Speed는 45로 설정해 파티클이 공중에서 회전하게 한다.

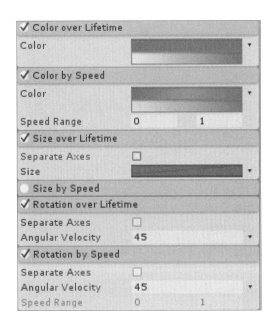

Renderer에는 3D 오브젝트를 파티클로 사용하기 위해 Mesh를 선택했으며 + 버튼을 클릭하고 Cube, Cylinder, Sphere 메시를 각각 추가했다. 나머지 값은 기본값으로 둔다.

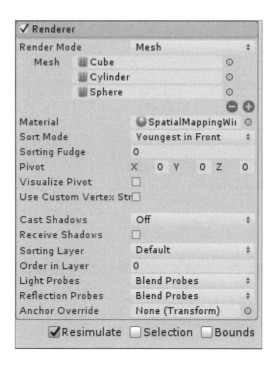

이제 파티클 시스템이 완성됐다. 다음은 Assets 폴더에서 프리팹 오브젝트를 생성하고, 방금 만든 파티클 시스템을 여기로 드래그해 게임이 끝날 때 프리팹의 인스턴스를 만들도록 한다. 프리팹의 이름을 particleSystem으로 지정한다. 파티클 시스템을 프리팹으로 드래그하면 파란색으로 변하는 것을 볼 수 있다. 이제 Hierarchy에서 원래 파티클 시스템을 삭제한다.

gameScript를 열고 코드 맨 위쪽에 particlePrefab이라는 새로운 public GameObject를 추가한다.

```
public GameObject particlePrefab;
```

Update 함수에서는 gameover 변수를 설정한 후 파티클 프리팹의 인스턴스를 만든다.

```
if (playerHealth<= 0 || enemyHealth<= 0) {
    bGameover = true;
    gameOverText.enabled = true;
    Instantiate(particlePrefab);
    Debug.Log(" +++++ GAMEOVER +++++");
}
```

particleSystem 프리팹을 메인 카메라의 game Script 컴포넌트에 있는 Particle Prefab 필드로 드래그하는 것도 잊지 말자.

이제 게임을 실행해보면 게임 종료 조건에서 파티클 시스템을 이용한 멋진 색종이 효과가 실행되는 것을 볼 수 있다.

█ 요약

5장에서는 GUI 요소를 추가해 플레이어와 적 캐릭터의 체력을 표시하고, 게임 종료를 알리는 게임 종료 텍스트를 표시하는 방법을 알아봤다. 또한 아주 간단한 파티클 시스템을 게임에 추가해봤다. 5장에서 배운 내용을 바탕으로 파티클 시스템에 대한 여러 가지 실험을 해볼 수 있었다.

이것으로 게임 플레이에 대한 내용이 모두 끝났다. 다음은 게임에 씬을 추가하는 방법을 알아보고 게임을 시작할 때 표시되는 메인 메뉴 씬을 만들어볼 차례다. 또한 클릭하면 게임 플레이 씬으로 전환하는 버튼을 만드는 방법도 알아보자.

06

게임 씬과 씬 플로

지금까지 이 책에서는 시작 씬으로만 작업했는데, 6장에서는 게임에 다른 씬을 추가하는 방법을 배우고, 옵션 씬이나 업적 씬 등 다른 씬으로 이동할 수 있는 메인 메뉴 씬을 만들어본다.

이러한 여러 씬은 게임의 설정을 변경하거나 메인 메뉴 씬으로 돌아가는 등의 여러 기능을 실행하는 버튼과 특정한 게임오브젝트를 포함하게 된다.

메인 메뉴 씬에는 게임을 시작하는 시작 씬을 연결하는 플레이 버튼이 있어야 한다.

필요에 따라 게임에 씬과 메뉴를 추가할 수 있다.

우선은 시작 메뉴에 버튼을 추가해 게임이 끝나면 게임을 재시작할 수 있게 해보자.

6장에서 다룰 주제는 다음과 같다.

- 버튼 소개
- 프로젝트 폴더 구조 정리하기
- 시작 씬에 게임 재시작 버튼 추가
- 시작 씬에 게임 일시 중지 버튼 추가
- 시작 씬에 메인 메뉴 버튼 추가
- 메인 메뉴 씬 만들기
- 옵션 씬 추가
- 업적 씬 추가

▌시작 씬에 버튼 추가

5장에서 텍스트 UI 요소를 씬에 추가하는 방법을 배웠는데, 여기에서는 버튼을 추가해보자. 버튼을 추가하려면 텍스트 UI를 추가할 때와 비슷하게 GameObjects ➤ UI ➤ Button 메뉴 항목을 선택한다.

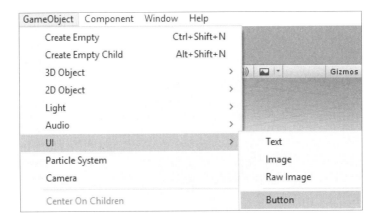

다음 그림과 같이 씬에 버튼이 생성된다.

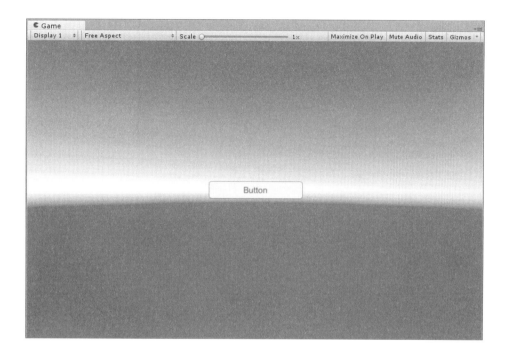

버튼은 캔버스, 버튼, 텍스트 컴포넌트를 가진다. 캔버스 컴포넌트가 이미 있는 씬에 버튼을 추가하면 현재 캔버스 아래에 버튼을 생성한다.

이 경우에는 5장에서 만든 캔버스 컴포넌트가 있다. Hierarchy 창에서 버튼을 클릭한다.

Inspector를 보면 이 버튼에 렉트 컴포넌트, 캔버스 렌더러, 이미지 스크립트, 그리고 버튼 스크립트 컴포넌트가 있다는 것을 알 수 있다. 렉트 트랜스폼과 캔버스 렌더러에 대해서는 이미 알아봤다.

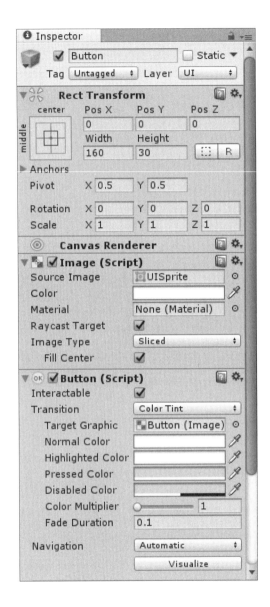

이미지 스크립트 컴포넌트에서는 버튼의 이미지를 지정할 수 있다. 이미지를 설정하려면 이미지를 가져오고 스프라이트 형식으로 변환해야 한다. 이미지를 스프라이트 형식으로 지정한 후에만 소스 이미지로 지정할 수 있다.

- Color : 버튼색을 지정할 수 있다. 기본값은 흰색이다.
- Material : 특정 텍스처를 지정하려면 이 필드에서 지정한다.
- Raycast Target : 대상을 클릭할 수 있게 만든다.
- Image Type : 이미지를 그대로 이용하거나 타일 형식으로 변경할 수 있다.

다음으로 버튼 스크립트 섹션에서는 버튼을 클릭했을 때 어떤 일을 할지 지정할 수 있다. Interactable 옵션을 선택하면 버튼을 강조, 누름 또는 비활성화했을 때 다른 작업을 할 수 있다.

버튼을 클릭했을 때 버튼의 변경 속도는 Fade Duration 프로퍼티로 지정할 수 있다.

텍스트 스크립트 컴포넌트는 텍스트를 표시할 필요가 있는지 여부를 지정한다. 텍스트가 필요한 경우 Text 필드에 원하는 텍스트를 입력할 수 있으며 그렇지 않으면 비워둔다. 일반적으로 표준적이고 쉽게 알아볼 수 있는 버튼을 사용하는 방법이 바람직하다.

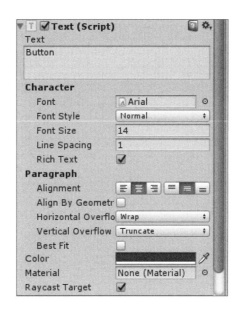

프로젝트 폴더 구조 정리하기

6장 예제 프로젝트의 resources 폴더에는 버튼에 사용할 이미지 파일이 많이 있다. 이러한 파일을 buttons 폴더로 드래그해 이동하자.

그리고 이제부터는 사용 편의를 위해 프로젝트에 포함된 폴더를 체계적으로 정리하는 것이 바람직하다.

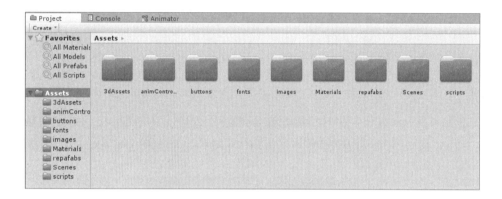

내 경우 다음과 같은 구조로 폴더를 정리한다.

- **3dAssets**: 플레이어 FBX를 포함한다. 3D 환경이나 3D 메시 등의 다른 3D 오브젝트도 추가할 수 있다.

- **animController**: 애니메이션 컨트롤러를 여기에 저장한다. 적 캐릭터의 수가 많은 경우 캐릭터별로 별도의 애니메이션 컨트롤러가 있을 수 있으므로 폴더를 따로 만드는 방법이 좋다.

- buttons: 버튼의 스프라이트를 여기에 저장한다.
- Fonts: 기본 글꼴도 나쁘지 않지만 게임의 분위기에 맞는 글꼴을 선택하는 편이 좋다. 이 경우 이 폴더에 글꼴 파일을 저장한다.
- Materials: 오브젝트의 수가 늘어나면 머티리얼도 많아지므로 별도 폴더가 필요하다.
- prefabs: 모든 프리팹을 별도 폴더에 저장해 쉽게 접근할 수 있게 한다.
- Scenes: 씬은 게임을 개발할 때 가장 많이 사용하는 파일이므로 쉽게 접근할 수 있도록 별도 폴더에 저장하는 것이 좋다.
- Scripts: 프로젝트가 복잡해지면 사용하는 스크립트의 수도 많아지므로 별도의 폴더를 만드는 것이 좋다.

buttons 폴더를 열면 다음 그림과 같은 파일을 볼 수 있다.

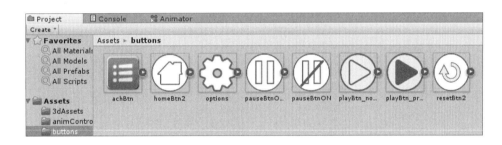

모든 버튼 이미지에는 오른쪽 테두리에 작은 화살표가 표시되는데, 이것은 파일이 이미 스프라이트 형식으로 변환됐다는 의미다. 이미지를 스프라이트로 변환하려면 Inspector 패널에서 이미지를 선택하고 Texture Type 필드에서 Sprite (2D and UI)를 선택한다.

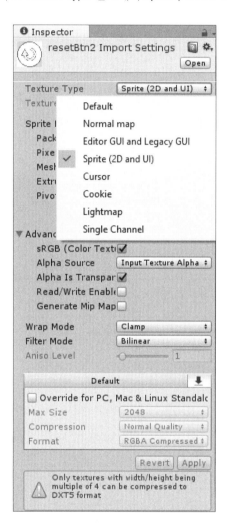

buttons 폴더로 가져오는 모든 이미지 파일에 대해 같은 과정이 필요하다.

▌ 시작 씬에 게임 재시작 버튼 추가

시작 씬에 새로운 버튼을 만들고 다음 그림과 같이 이름을 resetBtn으로 지정한다.

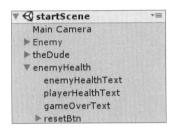

Inspector 패널에서 Source Image 필드에 resetBtn2 스프라이트를 선택한다.

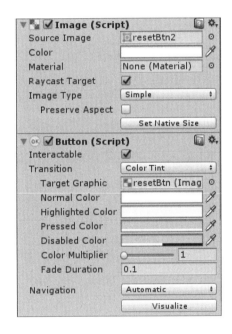

나머지 프로퍼티는 기본값으로 둔다. 필요하면 Inspector 패널에서 재설정 버튼 이미지의 미리보기와 크기를 확인할 수 있다.

버튼이 GAMEOVER!!! 텍스트 바로 오른쪽 아래에 표시되게 위치를 조정한다. 이렇게 하면 플레이어가 버튼을 손쉽게 이용할 수 있다.

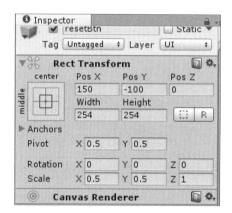

결과는 다음 그림과 같다.

다음은 버튼을 클릭하면 startScene을 호출하도록 간단한 스크립트를 작성해보자. 이를 위해 buttonClick이라는 새로운 스크립트 파일을 만들고 Scripts 폴더에 저장한다. 이 스크립트 파일에 다음과 같은 코드를 입력한다.

```
using System.Collections;
using System.Collections.Generic;
using UnityEngine;
using UnityEngine.SceneManagement;

public class buttonClick : MonoBehaviour {
    public void onButtonClick(string level) {
        SceneManager.LoadScene(level);
    }
}
```

SceneManager.LoadScene 함수는 씬을 로드하는 역할을 한다.

버튼을 클릭하면 로드할 씬의 이름을 전달하고 OnButtonClick 함수를 호출하며 여기에서
이 문자열을 LoadScene 함수로 전달해 실제로 씬을 로드한다.

다음은 GameObject ➤ CreateEmpty 항목을 선택해 빈 게임오브젝트를 만들고 이름을
buttonClickGo로 지정한다. 이 게임오브젝트의 위치는 상관이 없다. 다음은 button Click
스크립트를 이 게임오브젝트에 연결한다.

Hierarchy에서 resetBtn을 선택하고, Inspector 패널을 보면 Button (Script) 컴포넌트에서
On Click () 섹션을 볼 수 있다.

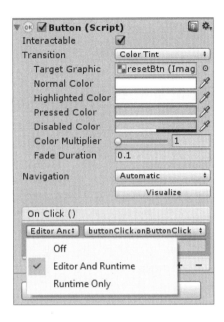

첫 번째 드롭다운에서 Editor and Runtime 항목을 선택해 함수가 편집기와 런타임에 모두 호출되게 한다.

그리고 다음 그림과 같이 드롭다운 목록에서 buttonClickGO 게임오브젝트를 선택한다.

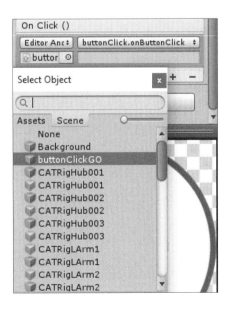

ButtonClick ➤ onButtonClick (string)의 드롭다운 목록에서 buttonClick.onButtonClick 함수를 선택한다.

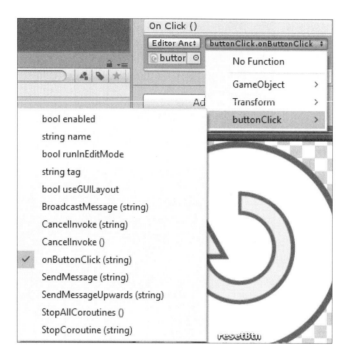

다음은 호출할 씬의 이름 startScene을 입력 필드에 입력한다.

재설정 버튼은 실제 게임이 종료될 때까지 숨겨야 한다. gameScript에서 resetButton이라는 public Button 변수를 만든다.

```
public Text enemyTextInstance;
public Text playerTextInstance;
public Text gameOverText;
public Button resetButton;
```

그리고 Start 함수에서 SetActive 함수를 이용해 이 버튼의 활성 프로퍼티를 false로 설정한다.

```
void Start () {
    GameObject player = GameObject.Find("theDude");
    pScript = player.GetComponent<playerScript>();

    GameObject enemy = GameObject.Find("Enemy");
    eScript = enemy.GetComponent<enemyScript>();
    gameOverText.enabled = false;

    resetButton.gameObject.SetActive(false);
}
```

그러면 처음에는 재설정 버튼이 표시되지 않는다. 그리고 실제로 게임이 끝나면 SetActive 함수에 true를 전달하고 호출한다.

```
if (playerHealth <= 0 || enemyHealth <= 0) {
    bGameover = true;
    gameOverText.enabled = true;
    resetButton.gameObject.SetActive(true);

    Instantiate(particlePrefab);
}
```

유니티에서 로드하려는 씬을 얻으려면 먼저 Build Settings 옵션의 Scenes In Build 목록에 원하는 씬을 추가해야 한다. File > Build Settings 메뉴 항목을 선택하고 아래쪽의 Add Open Scenes 버튼을 클릭한다.

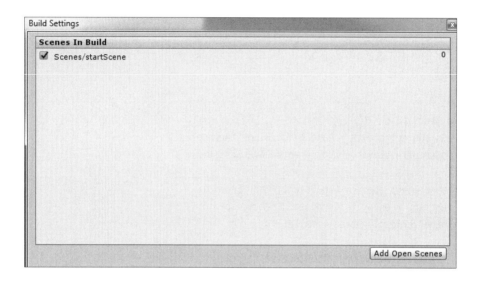

씬을 추가하고 창을 닫는다. 이제 게임을 실행하면 게임이 끝난 후 표시되는 재설정 버튼을 클릭해 게임을 다시 시작할 수 있다.

▍ 시작 씬에 게임 일시 중지 버튼 추가

다음은 시작 씬에 게임을 일시 중지하고 재시작하는 토글 버튼을 추가해보자.

GameObject > UI 메뉴 항목을 선택하고 새로운 토글 버튼을 추가한 후, 이 토글 버튼을 게임 화면에서 오른쪽 상단에 배치한다. 버튼의 이름은 pauseBtn으로 지정한다.

다른 버튼이나 UI 요소와는 달리 여기에는 버튼을 배치하는데 사용할 수 있는 Rect Transform 섹션이 있다.

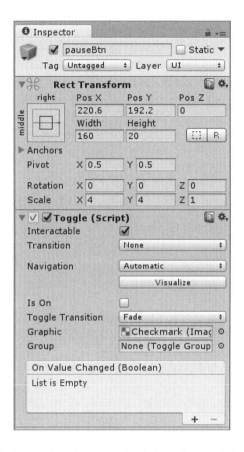

Toggle (Script) 섹션의 항목은 기본값으로 둔다. 다음은 버튼의 배경 이미지를 선택하기 위해 Background 탭을 선택한다.

Image (Script) 섹션의 Background에서 pauseBtnOff 스프라이트를 배경 이미지로 선택한다.

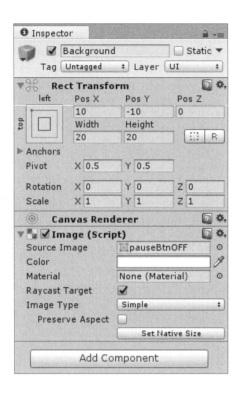

텍스트 스크립트의 레이블 탭에서 원하는 텍스트를 입력할 수 있지만, 이 경우에는 이미지만 사용하므로 필드를 비워둔다.

이 버튼을 클릭하면 일시 중지 이미지 위에 체크 표시를 추가해 버튼이 토글됐음을 알려주며, 버튼을 다시 클릭하면 원래 이미지로 되돌린다.

다음은 gameScript 스크립트 파일을 열고 pauseButton이라는 Toggle 형식의 public 변수와 bIsGamePaused라는 public 불린 변수를 만들고 false로 초기화한다. 이 불린 변수는 플레이어와 적 캐릭터의 업데이트 루프를 실행하는 조건으로 사용한다.

gameScript 스크립트에 다음 코드를 추가한다.

```
public Text gameOverText;
public Button resetButton;
public Toggle pauseButton;
public bool bIsGamePaused = false;
```

Update 함수에서 bIsGamePaused에 pauseButtons.isOn 값을 지정한다. 이 값은 사용자가
일시 중지 버튼을 눌렀는지 여부에 따라 true 또는 false로 설정된다.

Update 함수의 코드는 다음과 같다.

```
void Update () {
    if (!bGameover) {
        bIsGamePaused = pauseButton.isOn;

        Debug.Log("isGamePaused: " + bIsGamePaused);

        int playerHealth = pScript.health;
        int enemyHealth = eScript.health;

        // 나머지 코드
    }
}
```

다음은 enemyScript 스크립트의 Update 함수에서 게임이 끝났는지 확인하는 조건문의 블
록을 bIsGamePaused가 false인지 확인하는 조건문의 블록에 넣는다.

```
void Update () {
    gameScript gScript = mainCamera.GetComponent<gameScript>();

    if (gScript.bGameover == false)
    {
```

```
        if (gScript.bIsGamePaused == false)
        {
            punchTick--;
            myTick++;
            currentTick = myTick;

            GameObject player = GameObject.Find("theDude");
            Animator pAnim = player.GetComponent<Animator>();
            playerScript pScript =
            player.GetComponent<playerScript>();

            // 나머지 게임 코드
        }
    }
}
```

playerScript 스크립트의 Update 함수도 마찬가지로 수정한다.

```
void Update () {
    gameScript gScript = mainCamera.GetComponent<gameScript>();
    if (gScript.bGameover == false)
    {
        if (gScript.bIsGamePaused == false)
        {
            totalTime += Time.deltaTime;

            GameObject enemy = GameObject.Find("Enemy");
            Animator eAnim = enemy.GetComponent<Animator>();
            enemyScript eScript = enemy.GetComponent<enemyScript>();

            // 나머지 게임 코드
        }
    }
}
```

이제 게임을 실행하면 일시 중지 버튼을 눌러 게임을 일시 중지할 수 있다.

resetBtn을 처리한 방법과 비슷하게 mainCamera에서 toggleBtn을 gameScript 스크립트에 할당하는 것도 잊지 말자.

▌ 시작 씬에 메인 메뉴 버튼 추가

다음은 메인 메뉴 씬으로 이동할 수 있는 메인 메뉴 버튼을 만들어보자. 먼저 새로운 버튼을 만들고 이름을 mainMenuBtn을 지정한 다음, 화면 왼쪽 가운데에 배치한다.

Inspector 패널의 Image (Script) 섹션에서 Source Image에 homeBtn2 옵션을 선택하고 나머지 옵션은 기본값으로 둔다.

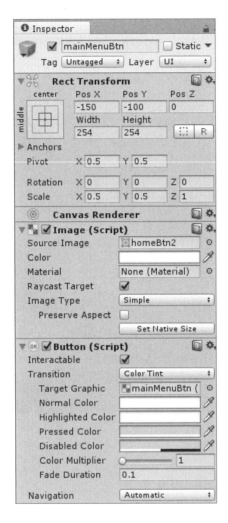

재설정 버튼과 비슷하게 메인 메뉴 버튼도 게임이 종료된 후에 표시한다. 이를 위해 gameScript 스크립트에 mainMenuButton이라는 변수를 추가한다.

```
public Button resetButton;
public Button mainMenuButton;
public Toggle pauseButton;
```

Start 함수에서 mainMenuButton의 활성 상태를 false로 설정한다.

```
// Use this for initialization
void Start ( ) {

    GameObject player = GameObject.Find("theDude");
    pScript = player.GetComponent<playerScript>( );

    GameObject enemy = GameObject.Find("Enemy");
    eScript = enemy.GetComponent<enemyScript>( );
    gameOverText.enabled = false;

    resetButton.gameObject.SetActive(false);
    mainMenuButton.gameObject.SetActive(false);
}
```

게임이 끝나면 활성 상태를 true로 설정한다.

```
if (playerHealth <= 0 || enemyHealth <= 0) {
    bGameover = true;

    gameOverText.enabled = true;
    resetButton.gameObject.SetActive(true);
    mainMenuButton.gameObject.SetActive(true);

    Instantiate(particlePrefab);
    Debug.Log(" +++++ GAMEOVER +++++");
}
```

다음은 mainMenuButton 오브젝트의 Button (Script) 섹션 아래쪽의 On Click () 탭에서 버튼 클릭과 mainMenuScene을 연결한다.

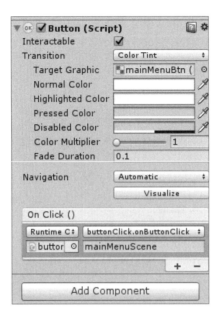

아직 mainMenuScene은 만들지 않았으므로 다음은 mainMenuScene을 만들 차례다.

▌ 메인 메뉴 씬 만들기

Project 패널에서 Scenes 폴더로 이동하고 마우스 오른쪽 버튼으로 클릭해 새로운 씬을 만든다.

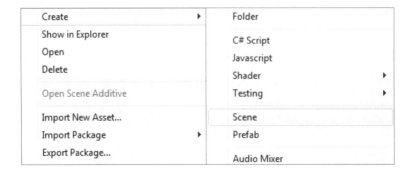

씬의 이름을 mainMenuScene으로 지정한다. 이제 프로젝트의 Scenes 폴더에는 다음 그림과 같이 두 개의 씬이 있다.

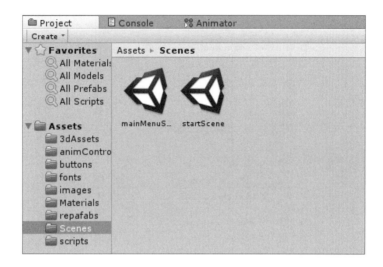

mainMenuScene 씬을 더블 클릭해 편집기에서 연다. 이 씬은 아직 아무것도 없이 비어 있으며 지금부터 내용을 추가해야 한다.

먼저 배경 이미지를 추가해보자. GameObject ➤ UI 메뉴 항목에서 이미지를 추가한다. 새로운 캔버스와 이미지가 생성되는데, 캔버스의 프로퍼티는 모두 기본값으로 둔다.

이미지의 이름을 bgImage로 변경하고 배경 이미지로 scenary-ipad 파일을 선택한다. 또한 Set Native Size 옵션을 선택해 이미지 크기를 변경하게 한다.

titleText에서는 텍스트 입력란에 게임의 이름으로 PunchyPunch를 입력한다. 글꼴을 기본 글꼴 외의 다른 글꼴을 바꾸는 것도 좋은 생각이다. 6장의 예제 파일에서 Resources 폴더에 있는 duncecapbb 글꼴 파일을 Assets/fonts 폴더로 복사한다. Character 섹션의 Font 옵션을 duncecapbb_re로 변경한다.

마지막으로 밝은 파란색으로 색을 변경한다.

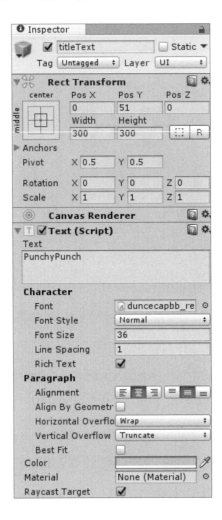

여기까지 모두 완료하면 다음 그림과 같이 메인 메뉴 씬의 기본 형태가 완성된다.

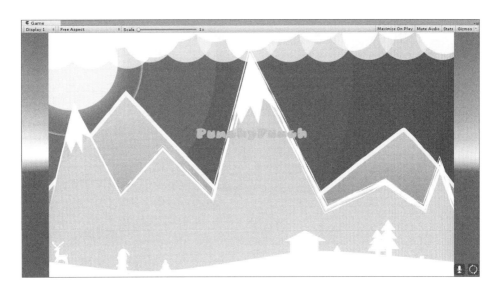

이제 씬을 저장한다.

다음은 시작 씬에서 mainMenuBtn 버튼을 클릭하면 mainMenuScene이 호출되도록 만들 차례다. File ➤ Build Settings 메뉴 항목을 선택해 Build Settings 창을 열고 아래쪽의 Add Open Scenes 버튼을 클릭한 후 다음 그림과 같이 씬을 추가한다.

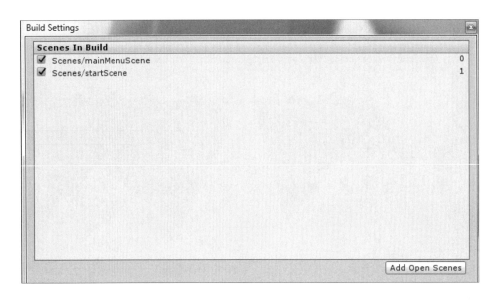

이제 시작 씬을 열고 플레이 버튼을 클릭해 게임을 테스트한다. 게임이 끝나면 mainMenuBtn 버튼이 표시되며, 이 버튼을 클릭하면 메인 메뉴 씬이 로드된다.

다음은 시작 씬을 호출하는 플레이 버튼을 메인 메뉴 씬에 추가해보자. 이를 위해 mainMenuScene 씬을 다시 연다.

GameObjects ➤ UI 메뉴 항목을 선택하고 버튼을 만들고 버튼 이름을 playBtn으로 지정한다. 새로운 버튼은 현재 캔버스 아래에 생성된다.

플레이 버튼을 화면 중앙에 배치한다. Image (Script) 섹션에서 Source Image 필드에 playBtn_normal을 선택한다. Button (Script) 섹션에서 Transition 필드에 Sprite Swap 옵션을 선택한다. 다음은 버튼을 눌렀을 때 표시할 이미지를 바꿔보자.

Target Graphic 필드에 platBtn (Image)를 선택하고, Highlighted Sprite 필드에 playBtn_normal를 선택한다. Pressed Sprite 필드에 playBtn_pressed를 선택하고, Disabled Sprite 필드에 playBtn_normal을 선택한다.

플레이 버튼을 추가한 후의 메인 메인 씬은 다음 그림과 같다.

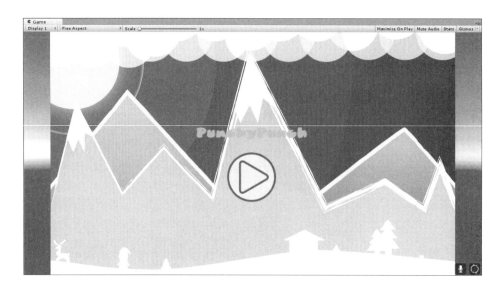

이 버튼에 대화식 기능을 추가하려면 빈 오브젝트를 만들고 buttonClick 스크립트를 추가해야 한다. 빈 오브젝트를 만들고 이름을 buttonClickGO라고 지정한 다음 여기에 buttonClick 스크립트를 연결한다.

다음은 playBtn 게임오브젝트의 On Click () 섹션에서 buttonClickGO를 선택한 후 startScene 변수를 전달하고 onButtonClick 함수를 호출하도록 한다.

이제 플레이 버튼을 클릭하면 시작 씬을 로드하는 방법으로 게임을 로드한다.

다음은 게임 옵션을 표시하는 씬을 더 만들어보자. 이 옵션 씬은 게임의 사운드를 소거하거나 줄이는 기능을 제공한다.

옵션 씬은 메인 메뉴 씬에서만 접근할 수 있으므로 메인 메뉴 씬에 옵션 씬으로 이동하는 버튼을 추가해야 한다. 또한 업적 창achievement window을 여는 버튼도 추가해야 한다. 사용할 버튼 이미지는 리소스 폴더에 있다. 다음 그림에서 보듯이 이러한 이미지를 사용해 메인 메뉴 씬에 버튼을 배치한다.

이러한 버튼을 클릭했을 때 해당하는 씬으로 이동하는 데는 앞의 예와 같이 buttonClickGO 를 사용한다.

옵션 씬의 이름은 optionsScene으로 지정했다. 완성된 Scenes 프로젝트 폴더는 다음과 같다.

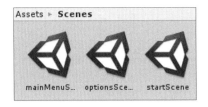

옵션 씬의 모양은 다음 그림과 같으며, 아직은 별다른 기능이 없지만, 나중에 오디오 기능을 구현하면서 여기에 음소거 버튼을 추가할 것이다.

요약

6장에서는 게임에 새로운 씬을 추가하고 버튼 하나로 씬을 전환하는 방법을 알아봤다. 또한 게임을 시작하고 씬 사이를 이동하는 버튼을 추가했다.

7장에서 게임 기록, 인앱 구매, 광고 통합을 추가하는 방법을 알아보면서 더 많은 버튼을 사용할 것이다. 이러한 기능에는 거의 모두 새로운 버튼이 필요하다. 다른 유형의 버튼을 추가하는 방법도 살펴보겠다.

07

게임 기록, 소셜,
인앱 구매, 광고 통합

게임 플레이를 모두 완성했으므로 이제는 실제로 장치에서 앱을 실행하는 방법을 알아볼 차례다. 또한 유니티 애드와 인앱 구매 툴에 대해 알아보고, 6장에서 추가한 게임 기록 씬을 마무리하며, 앱스토어에 APK를 업로드하고 게임을 공개하는 방법을 알아보자.

7장에서 다룰 주제는 다음과 같다.

- 장치와 애뮬레이터에서 앱 실행
- 안드로이드 개발자 콘솔
- 게임에 업적 추가
- 게임 기록 저장
- 광고 통합

- 인앱 구매
- SNS 통합

▍ 장치와 애뮬레이터에서 앱 실행

앱을 장치에서 실행하려면 안드로이드 SDK와 JDK^{Java Development Kit}가 있어야 하고 유니티에서 SDK^{Software Development Kit}의 위치를 설정해야 한다.

안드로이드 SDK는 https://developer.android.com/studio/index.html에서 다운로드할 수 있다. 페이지 맨 아래에 있는 명령줄 툴을 다운로드한다. 이 책에서는 안드로이드 스튜디오를 사용하지 않지만, 필요하다면 여기에서 다운로드할 수 있다.

Get just the command line tools

If you do not need Android Studio, you can download the basic Android command line tools below. You can use the included sdkmanager to download other SDK packages.

These tools are included in Android Studio.

Platform	SDK tools package	Size	SHA-256 checksum
Windows	tools_r25.2.3-windows.zip	292 MB (306,745,639 bytes)	23d5686ffe489e5a1af95253b153ce9d6f933e5dbabe14c494631234697a0e08
Mac	tools_r25.2.3-macosx.zip	191 MB (200,496,727 bytes)	593544d4ca7ab162705d0032fb0c0c88e75bd0f42412d09a1e8daa3394681dc6
Linux	tools_r25.2.3-linux.zip	264 MB (277,861,433 bytes)	1b35bcb94e9a686dff6460c8bca903aa0281c6696001067f34ec00093145b560

자신의 운영체제에 맞는 버전을 다운로드한다. 이 책에서는 윈도우에서 사용하는 방법을 알아보겠다.

파일을 다운로드한 후 C: 드라이브에 새로운 폴더를 만들고 이름을 AndroidSDK로 지정한 후 여기로 Tools 폴더를 복사한다. Tools 폴더로 이동해서 Android.bat 파일을 마우스 오른쪽 버튼으로 클릭하고 관리자 권한으로 실행한다.

그러면 다음 그림과 같은 인터페이스가 표시된다. Tools 폴더 아래의 패키지에서 다음 그림과 같이 항목 왼쪽의 확인란을 선택해 Android SDK Tools, Android SDK Platform-tools, Android SDK Build-tools를 다운로드한다.

Name	API	Rev.	Status
✓ 🗀 Tools			
✓ 🔧 Android SDK Tools		25.2.5	✓ Installed
✓ 🔧 Android SDK Platform-tools		25.0.3	Update available: rev. 25.0.4
✓ 🔧 Android SDK Build-tools		25.0.2	✓ Installed

안드로이드 SDK 버전에서 현재 장치에서 실행 중인 버전을 선택한다. 구글 픽셀을 사용하는 경우 안드로이드 버전 7.1이나 7.0에서 실행될 가능성이 크다. 내 경우에는 안드로이드 버전 6.0을 실행하는 구글 넥서스 5 휴대폰을 사용하므로 이를 설치해야 한다. 이전 버전의 안드로이드를 사용하는 경우 해당 장치에 필요한 SDK 버전을 선택한다.

› ✓ 🖳 Android 7.1.1 (API 25)			
› ✓ 🖳 Android 7.0 (API 24)			
› ✓ 🖳 Android 6.0 (API 23)			

다음은 Extras 폴더에서도 몇 가지 항목을 설치해야 한다. 다음 그림과 같이 목록에서 Android Support Repository, Google Play Services, Google Repository, Google USB Driver 항목을 선택한다.

✓ 🗀 Extras		
✓ 📦 Android Support Repository	44	Update available: rev. 45
☐ 📦 Android Auto Desktop Head Unit emulator	1.1	Not installed
✓ 📦 Google Play services	39	✓ Installed
✓ 📦 Google Repository	44	✓ Installed
☐ 📦 Google Play APK Expansion library	1	Not installed
☐ 📦 Google Play Licensing Library	1	Not installed
☐ 📦 Google Play Billing Library	5	Not installed
☐ 📦 Android Auto API Simulators	1	Not installed
✓ 📦 Google USB Driver	11	Not installed

모든 옵션을 선택하고 계약 조건을 승인한 후 설치 버튼을 클릭해 설치를 시작한다.

설치하는 동안 JDK도 설치하자. JDK를 설치하려면 http://www.oracle.com/technet work/java/javase/downloads/jdk8-downloads-2133151.html로 이동하고 자신의 운영체제에 맞는 버전을 다운로드한다.

데모와 샘플은 다운로드할 필요가 없다. 다운로드한 다음에는 기본 위치에 설치한다.

유니티 안드로이드 모듈도 다운로드해야 한다. File ➤ Build Settings 메뉴 항목을 선택 하고 Platform 섹션에서 Android를 선택한다. 그러면 안드로이드 모듈이 로드되지 않 았다는 메시지가 표시될 것이다. 여기에서 Open Download 페이지를 클릭하면 Downloads 폴더에 다운로드가 시작된다. http://download.unity3d.com/download_ unity/38b4efef76f0/TargetSupportInstaller/UnitySetup-Android-Support-for- Editor-5.5.0f3.exe에서도 다운로드할 수 있다. 현재 실행 중인 버전에 맞게 버전 번호를 변경해야 한다. 다운로드한 후에는 유니티 프로젝트를 열고 안드로이드 모듈을 더블 클릭 해 필요한 패키지를 설치한다.

이제 Build Settings로 이동하고 Android 플랫폼을 선택한 후 아래쪽의 Switch Platform 버튼을 클릭한다.

다음은 유니티에서 안드로이드 SDK와 JDK와 폴더에 대한 경로를 설정해야 한다. Edit 메뉴에서 Preferences를 열고 External tools를 선택한 후 다음 그림과 같이 SDK와 JDK 위치를 각각 지정한다.

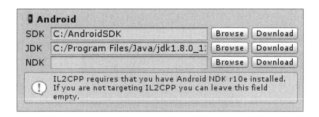

안드로이드 SDK는 C:/AndroidSDK에 있으며 JDK는 C:/Program Files/Java/jdk1.8.0_121에 있다.

이제 안드로이드 장치를 준비해야 한다. 이를 위해 장치에서 개발자 옵션 모드와 USB 디버깅을 활성화한다. 장치에서 설정과 소프트웨어 정보로 이동한 후 빌드 번호를 7번 탭하면 개발자 모드로 전환됐음을 알려준다.

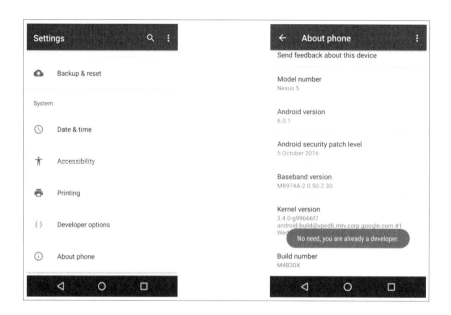

뒤로 가기 키를 누르고 개발자 옵션으로 들어와서 USB 디버깅과 켜진 상태로 유지 옵션을 활성화한다.

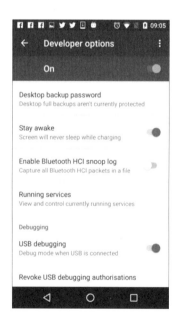

이것으로 장치에서 빌드할 준비가 완료됐다.

▍ 안드로이드 개발자 콘솔

게임을 테스트하고 게시, 업적을 추가하려면 앱을 안드로이드의 개발자 콘솔로 업로드해야 한다. 개발자 콘솔을 사용하려면 한 차례 사용료로 25달러를 지불해야 한다. 사용료를 지불한 후에는 무제한으로 게임과 앱을 게시하고 테스트할 수 있다.

지메일 ID가 있는 경우 https://play.google.com/apps/publish/signup/#;으로 이동해 안드로이드 개발자로 등록하는데, 다음과 같은 창이 표시된다.

Continue to payment 버튼을 클릭하고 신용카드 정보를 입력한다. 사용료를 지불한 다음에는 개발자 콘솔을 이용할 수 있게 된다. 축하한다! 이제 여러분도 정식으로 안드로이드 개발자가 됐다.

다음과 같은 화면이 표시된다. 필자의 경우 안드로이드 스토어에 사전에 등록한 게임과
앱이 몇 가지 있다.

이 페이지에서 새로운 앱을 만들어보자. 오른쪽 위 모서리에 있는 + Create application 버
튼을 클릭한다.

이 창에서 게임의 언어와 제목을 지정해야 한다. Title과 Short description 필드에 제목과 간
단한 설명을 입력하고 오른쪽 위 모서리의 Save Draft 버튼을 클릭한다.

업적을 추가하려면 APK를 업로드해야 하므로 왼쪽의 APK 탭을 클릭한다.

Upload your first APK to Production을 클릭한다. 이제 APK를 페이지로 업로드해야 한다.

유니티로 돌아가서 개발자 콘솔에서 업로드할 수 있도록 APK를 빌드해보자. 유니티에서 Edit ➤ Build Settings 항목을 선택하고 PlayerSettings 옵션을 클릭한다.

PlayerSettings 아래의 Company Name과 Product Name 필드에 각각 회사 이름과 제품 이름을 입력한다. 아이콘은 나중에 추가하기로 하고 지금은 신경 쓰지 않아도 된다.

Other Settings 섹션 아래에서 번들 식별자bundle identifier를 추가한다. 번들 식별자는 역순의 회사 웹사이트 주소에 제품 이름을 붙인 것이다. 버전 번호(예: 1.0)를 추가하는데, 번들 버전 코드에는 1을 지정할 수 있다. 마지막으로 애플리케이션이 지원할 수 있는 최소 안드로이드 API 레벨을 추가한다. 필자는 마시멜로를 선택했지만 버전 번호가 낮을수록 더 오래된 안드로이드 버전에서 애플리케이션을 실행할 수 있다.

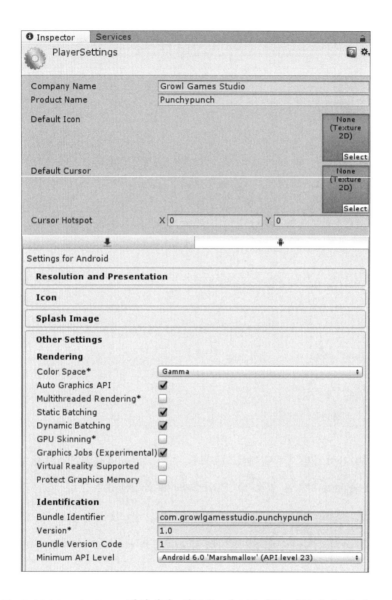

다음으로 Publishing Settings 섹션에서 새로운 키스토어를 만들어야 한다. Keystore password 필드에 암호를 입력하고 아래 필드에 암호를 확인한다. 다음은 Browse Keystore 버튼을 클릭하고 키스토어를 저장할 위치를 선택한다. 이 파일은 나중에 필요할 수 있으므로 안전하게 보관한다.

Key 섹션 아래에서 Unsigned (debug) 옵션 대신 Create a new key 옵션을 선택한다.

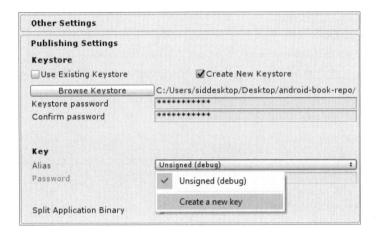

다음은 필요한 세부 사항을 입력해야 한다.

Alias는 별칭을 의미하며 보통은 제품의 이름을 지정한다. 키에 대한 암호를 입력하고 확인한다. 이름과 성, 회사 주소와 회사 이름, 구/군/시city, 주/도state, 국가/지역country을 차례로 입력한다.

키의 별칭을 선택하고 암호를 입력한다.

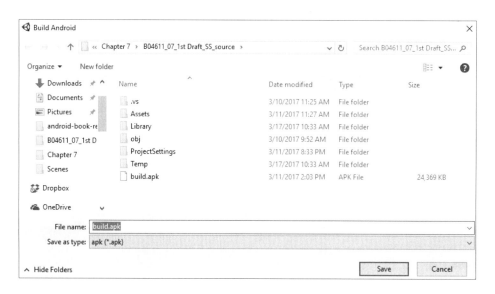

이제 업로드할 APK를 만들 수 있다. Build Settings를 열고 Build 버튼을 클릭한다. APK 를 저장할 위치를 지정하라는 메시지가 나오면 위치와 이름을 지정한다. 이 위치와 이름 은 기억해야 한다.

이제 개발자 콘솔로 돌아가서 build.apk 파일을 'Drop your APK file here, or select file'이라고 나오는 곳으로 드래그한다. 파일을 선택하면 업로드가 시작된다.

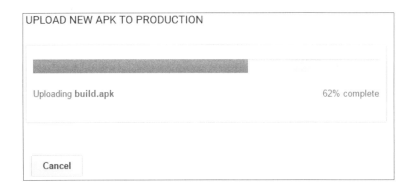

이제 **ALL APPLICATIONS** 페이지로 이동하면 방금 업로드한 Punchypunch 애플리케이션이 등록된 것을 볼 수 있다.

다음은 업적을 추가해보자.

▋ 게임에 업적 추가

개발자 콘솔에서 GAME SERVICES 탭을 클릭한다.

오른쪽 위에서 있는 + Add new game 버튼을 클릭한다. 게임 이름과 장르를 입력하고 화면 아래쪽의 Continue 버튼을 클릭한다.

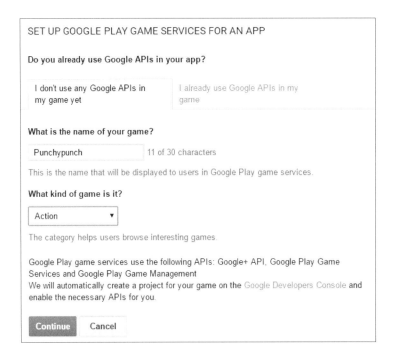

ACHIEVEMENTS 탭을 클릭한 다음 Add achievement 탭을 클릭한다. 5개 이상 업적을 추가해야 정상적으로 작동한다.

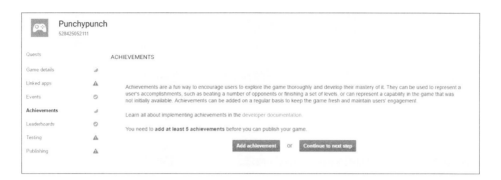

업적의 이름과 간단한 설명을 입력한다. 이 책에서는 사용자가 게임을 플레이한 횟수를 기준으로 부여되는 업적을 추가해보자. 예를 들어 게임을 1번, 5번, 50번, 100번, 1000번 플레이하면 부여되는 업적을 추가한다.

이 방법으로 원하는 업적을 모두 추가한다.

아래쪽의 **Get Resources** 버튼을 클릭하고 창에서 **Android** 탭을 선택한다. 그리고 여기에
나오는 데이터를 모두 복사한다.

Testing 탭으로 이동한 다음 Add testers 버튼을 클릭한다. 여기에 장치로 로그인하는데 사용할 이메일 주소를 추가한다.

이제 장치에서 업적을 테스트할 준비가 됐다. 유니티로 돌아와서 Window > Google Play Services > Setup > Android Setup... 메뉴 항목을 선택한다.

창에서 Directory to save constants 필드를 Assets 폴더로 설정한다.

Constants class name 섹션에 필요한 세부 사항을 입력하고, 앞서 복사해둔 코드를 Resources Definition 필드에 붙여 넣은 다음, 아래쪽의 Setup 버튼을 클릭한다.

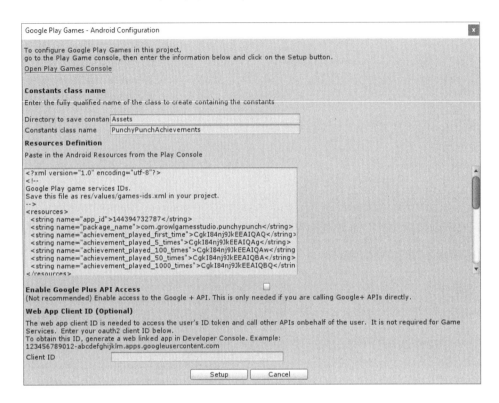

이제 메인 메뉴가 로드되면 구글 플레이 서비스를 활성화하고, 업적을 달성할 때마다 업적 요건이 달성됨을 알리는 정보를 구글 플레이 서비스로 보내야 한다.

Project 메뉴에서 메인 메뉴 씬을 연다. Project/Scripts 폴더에 MainMenuScript라는 새로운 스크립트를 만들고, 이 스크립트에 다음 코드를 추가한다.

```
using System.Collections;
using System.Collections.Generic;
using UnityEngine;
using GooglePlayGames;
```

```
using UnityEngine.SocialPlatforms;
using GooglePlayGames.BasicApi;

using UnityEngine.UI;

public class mainMenuScript : MonoBehaviour
{
    bool isUserAuthenticated = false;

    // Use this for initialization
    void Start(){
        PlayGamesPlatform.Activate();
        PlayGamesPlatform.DebugLogEnabled = true;
    }

    // Update is called once per frame
    void Update()
    {
        if (!isUserAuthenticated){
            Social.localUser.Authenticate((bool success) => {
                if (success){
                    Debug.Log("You've successfully logged in");
                    isUserAuthenticated = true;
                } else {
                    Debug.Log("Login failed for some reason");
                }
            });
        }
    }
}
```

코드 맨 위쪽에서는 GooglePlayGames, UnityEngine.SocialPlatform, System.Collec
tions.Generic 네임스페이스를 추가한다. 클래스에서는 isUserAthenticated 불린을 만
들고 false로 초기화한다. Update 함수에서는 사용자가 구글 플레이 서비스에 로그인했
는지 확인하고, 로그인하지 않은 경우 사용자가 로그인할 때까지 기다린다.

구글 플레이 서비스를 활성화한 후 디버그 모드를 실행한다. Update 함수에서는 사용자가 로그인했는지 확인하고 로그인한 경우 불린 변수를 true로 설정한다. 그렇지 않으면 로그인하지 않았다는 메시지를 로깅한다. 스크립트가 완성되면 이를 메인 카메라에 연결한다.

이제 장치를 컴퓨터에 연결하고 Build Settings로 이동한 다음 Build and Run을 클릭한다. 그러면 다음 그림에서 보는 것처럼 구글 플레이 서비스로 연결한다.

이메일 주소를 사용해 로그인하라는 메시지가 표시된다.

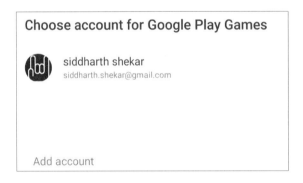

로그인하면 환영 메시지가 표시된다.

게임 종료 조건에서 달성한 업적에 정보를 저장하기 위해 다음 코드를 추가한다.

```
if (playerHealth <= 0 || enemyHealth <= 0) {
    bGameover = true;

    gameOverText.enabled = true;
    resetButton.gameObject.SetActive(true);
    mainMenuButton.gameObject.SetActive(true);

    Instantiate(particlePrefab);
    gameplayCount++;

    if (gameplayCount == 1){
        Social.ReportProgress (PunchyPunchAchievements.
achievement_played_first_time, 100, (bool sucsess) => { });
    } else if (gameplayCount == 5) {
        Social.ReportProgress (PunchyPunchAchievements.
achievement_played_5_times, 100, (bool sucsess) => { });
    } else if (gameplayCount == 50) {
        Social.ReportProgress (PunchyPunchAchievements.
achievement_played_50_times, 100, (bool sucsess) => { });
    } else if (gameplayCount == 100) {
        Social.ReportProgress (PunchyPunchAchievements.
achievement_played_100_times, 100, (bool sucsess) => { });
    } else if (gameplayCount == 1000) {
        Social.ReportProgress (PunchyPunchAchievements.
```

```
achievement_played_1000_times, 100,(bool sucsess) => { });
    } else {
        ...
    }
     Debug.Log(" +++++ GAMEOVER +++++");
}
```

클래스에서 gameplayCount라는 전역 정수를 추가했다. 게임이 끝나면 이 변수를 증가시킨다.

if문에서 gameplayCount 정수의 값을 기준으로 Social.ProgressReport 함수를 호출한다. 이 함수는 매개변수 세 개를 받는다. 첫 번째는 클래스에 저장된 업적의 이름이고, 두 번째는 진행 레벨이며(이 경우 업적을 100% 달성하면 함수를 호출한다), 세 번째는 콜백 함수다.

이제 게임을 다시 빌드하고 실행한다. 이번에는 게임을 끝내면 게임을 처음으로 플레이했다는 알림 메시지가 표시된다.

다음은 업적 창을 열고 모든 업적을 확인한다. 메인 메뉴 씬에는 업적을 표시하기 위해 만든 버튼이 있다.

buttonClick 클래스에 openAchievements라는 새로운 함수를 추가하고, 다음 코드를 입력한다.

```
public void openAchievements() {
    Social.localUser.Authenticate((bool success) => {
        if (success){
            Debug.Log("You've successfully logged in");
            Social.ShowAchievementsUI();
        } else {
            Debug.Log("Login failed for some reason");
        }
    });
}
```

이제 Achievement 버튼을 클릭하면 `Social.showAchievementsUI()` 함수를 호출해 Achievements 창을 연다.

프로젝트를 다시 빌드하고 실행한 후 메인 메뉴에서 Achievement 버튼을 클릭하면 다음 그림과 같은 Achievements 창이 열린다.

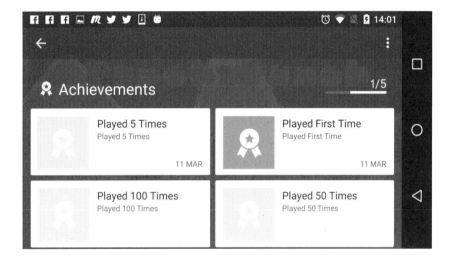

그런데 한 가지 문제가 있다. 관련 정보가 게임을 플레이하는 동안에만 유지되며, 게임을 종료하면 모든 정보가 손실된다는 점이다. 다음은 장치에 게임 정보를 저장하는 방법을 알아보자.

▌ 게임 기록 저장

게임 정보를 저장하는 방법은 아주 간단하며 모든 장치에서 작동한다. PlayerPrefs 함수는 플레이어 정보를 시스템에 저장하고 로드할 수 있으며, 저장하려는 키와 데이터를 전달하고 호출하면 된다.

gameScript에서 gameplayCount 변수의 값을 증가시키는 코드 뒤에 다음 코드를 추가한다.

```
PlayerPrefs.SetInt("GameplayCount", gameplayCount);
```

그러면 gameplayCount 변수의 값이 GameplayCount 키에 저장된다.

정보를 가져올 때는 PlayerPrefs의 GetInt 함수를 사용해 키에 저장된 값을 얻을 수 있다. 즉 gameplayCount 변수를 증가시키기 전에 다음 코드를 실행한다.

```
int gameplayCount = PlayerPrefs.GetInt("GameplayCount");
```

그러면 시스템의 GameplayCount 키에 저장된 값을 얻고 로컬 변수 gameplayCount에 저장한다.

이제 이 값을 증가시킨 다음 새로운 값을 시스템에 저장한다. 이제 시스템은 게임을 플레이한 횟수를 올바르게 기억할 수 있다.

테스트의 편의를 위해 Options 메뉴에 GameplayCount 키의 값을 0으로 재설정할 수 있는 버튼을 만들었다.

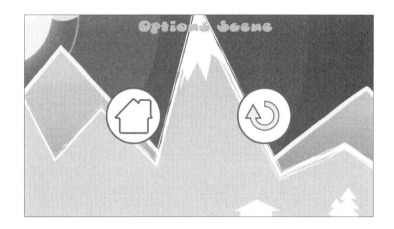

또한 메인 메뉴로 돌아갈 수 있는 홈 버튼도 만들었다. 다음은 광고 통합에 대해 알아보자.

▌ 광고 통합

유니티 애드^{Unity Ads}를 사용하면 아주 편리하게 광고를 게임에 통합할 수 있다. 유니티에서 Windows > Services 메뉴 항목을 선택해 오른쪽에 새로운 탭을 연다.

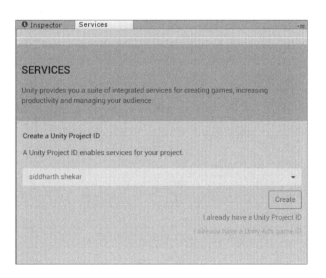

Services 탭에서 유니티에 등록한 자신의 유니티 로그인과 암호를 사용해 로그인한다.

Create 버튼을 클릭하면 사용할 수 있는 여러 서비스가 표시된다.

SERVICES 탭을 클릭한다.

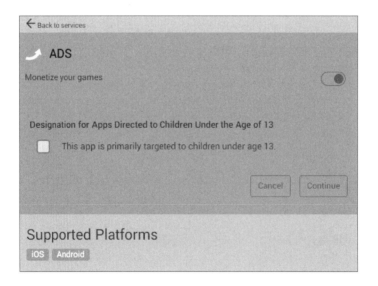

오른쪽 위 모서리에 있는 스위치를 클릭해 활성화한다. 게임이 13세 미만 사용자 대상인 경우 표시되는 확인란을 선택하고 Continue 버튼을 클릭한다.

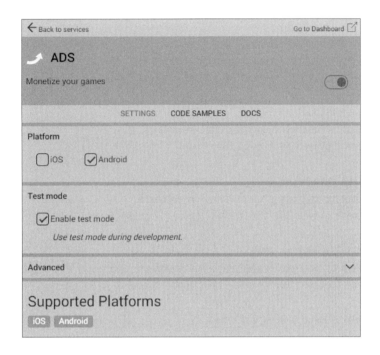

대상 플랫폼으로 Android를 선택하고 Enable test mode 옵션을 선택해 게임을 게시하기 전에 테스트할 수 있게 한다. 다음은 gamescript 클래스에서 클래스 맨 위에 다음 코드를 추가한다.

```
using UnityEngine.Advertisements;
```

그다음 광고를 보여주고 싶을 때마다 ShowAd 함수를 호출하면 된다. 플레이어가 업적을 달성했을 때는 광고를 표시하지 않는 것이 적당하며, 광고를 매번 표시하는 것도 지나치므로, 마지막 else문 안에 광고를 표시하는 조건을 하나 더 추가하고 ShowAd 함수를 호출했다.

```
if (gameplayCount == 1) {
    Social.ReportProgress (PunchyPunchAchievements.
     achievement_played_first_time, 100, (bool sucsess) => { });
}
else if (gameplayCount == 5) {
     Social.ReportProgress (PunchyPunchAchievements.
     achievement_played_5_times, 100, (bool sucsess) => { });
}
else if (gameplayCount == 50) {
    Social.ReportProgress (PunchyPunchAchievements.
     achievement_played_50_times, 100, (bool sucsess) => { });
}
else if (gameplayCount == 100) {
     Social.ReportProgress (PunchyPunchAchievements.
     achievement_played_100_times, 100, (bool sucsess) => { });
}
else if (gameplayCount == 1000) {
     Social.ReportProgress (PunchyPunchAchievements.
     achievement_played_1000_times, 100, (bool sucsess) => { });
} else {
     if (gameplayCount % 3 == 0){
          ShowAd();
     }
}
```

즉 gameplayCount가 3으로 나눌 수 있을 때만 광고를 표시했다. 이제 중요한 작업은 ShowAd 함수에서 처리된다.

다음과 같이 ShowAd 함수를 작성한다.

```
public void ShowAd()
{
    if (Advertisement.IsReady())
    {
        Advertisement.Show("video", new ShowOptions() {
```

```
                resultCallback = adViewResult});
    }
}
```

바로 표시할 광고가 없을 수도 있으며, 게임을 플레이하거나 재시작할 때 광고 재생이 시작되는 경우도 있다. 이런 상황을 예방하기 위해 먼저 Advertisement.Isready를 호출해 표시할 광고가 있는지 확인한다.

준비된 광고가 있으면 표시하려는 광고의 유형(이 경우 비디오)을 지정하고 Advertisement. Show 함수를 호출한다. 여기에서는 또한 광고가 재생되는 동안 플레이어가 무엇을 했는지 알 수 있도록 콜백 함수 adViewResult를 지정한다.

다음과 같이 adViewResult 함수를 추가한다.

```
public void adViewResult(ShowResult result) {
    switch (result) {
        case ShowResult.Finished:
            Debug.Log("Player viewed complete Ad"); break;
            // 광고 시청
        case ShowResult.Skipped:
            Debug.Log("Player Skipped Ad"); break;
            // 광고 스킵
        case ShowResult.Failed:
            Debug.Log("Problem showing Ad "); break;
            // 광고 재생 중 문제 발생
    }
}
```

광고를 시청, 스킵 또는 재생 실패했는지 확인하고 각각의 경우 해당 정보를 로깅한다. 이제 게임을 실행하면 그림과 같이 테스트 광고가 표시된다.

다음은 플레이어가 광고 표시를 원하지 않는 경우 앱 안에서 상품을 구매해 광고를 비활
성화하는 방법을 알아보자.

▍ 인앱 구매

유니티의 Services 탭에서 In-App Purchasing 컴포넌트를 클릭한다.

IN-APP PURCHASING 오른쪽 위에 표시되는 스위치를 클릭해 켠다.

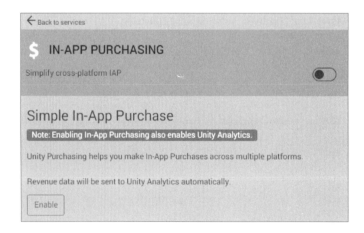

Import 버튼을 클릭하고 IAP 라이브러리를 가져온다.

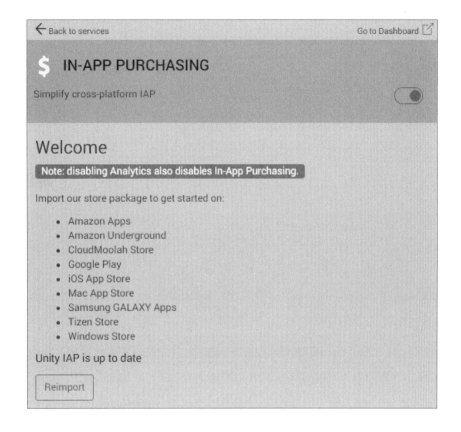

다음은 인앱 구매를 처리할 클래스를 새로 만들고, 이 클래스의 이름을 IAPManager라고 지정한다.

이 클래스에 다음 코드를 추가한다. 이 코드는 유니티 예제 사이트에서 가져왔으며, 여기에서 각 함수의 역할을 포함한 자세한 주석이 포함된 코드를 볼 수 있다. 이 코드는 https://unity3d.com/learn/tutorials/topics/ads-analytics/integrating-unity-iap-your-game에서 볼 수 있다.

```
C#

1    using System;
2    using System.Collections.Generic;
3    using UnityEngine;
4    using UnityEngine.Purchasing;
5
6    // Placing the Purchaser class in the CompleteProject namespace allows it to interact with ScoreManager,
7    // one of the existing Survival Shooter scripts.
8    namespace CompleteProject
9    {
10       // Deriving the Purchaser class from IStoreListener enables it to receive messages from Unity Purchasing.
11       public class Purchaser : MonoBehaviour, IStoreListener
12       {
13           private static IStoreController m_StoreController;        // The Unity Purchasing system.
14           private static IExtensionProvider m_StoreExtensionProvider; // The store-specific Purchasing subsystems.
15
```

여기에서는 이 코드를 목적에 맞게 수정했다. 상당히 긴 코드이므로 번호가 포함된 주석을 몇 개 추가했는데, 자세한 내용은 뒤에 알아본다.

```
using System;
using System.Collections.Generic;
using UnityEngine;
using UnityEngine.Purchasing;

public class IAPManager : MonoBehaviour, IStoreListener
{
    public static IAPManager instance { set; get; }
    private static IStoreController m_StoreController;
    private static IExtensionProvider m_StoreExtensionProvider;

    public static string kRemoveAds = "removeads"; // 1
```

```
void Awake() {
    instance = this;
}

void Start(){
    if (m_StoreController == null){
        InitializePurchasing();
    }
}

public void InitializePurchasing(){
    if (IsInitialized()){
        return;
    }
    var builder = ConfigurationBuilder.Instance
(StandardPurchasingModule.Instance());
    builder.AddProduct(kRemoveAds, ProductType.Consumable);// 2
    UnityPurchasing.Initialize(this, builder);
}

private bool IsInitialized(){
    return m_StoreController != null && m_StoreExtensionProvider != null;
}

public void BuyRemoveAds(){
    BuyProductID(kRemoveAds);
} //3

void BuyProductID(string productId){
    // 구매가 초기화된 경우 ...
    if (IsInitialized()){
        Product product = m_StoreController.
        products.WithID(productId);

        if (product != null && product.availableToPurchase){
            Debug.Log(string.Format("Purchasing product
            asychronously: '{0}'", product.definition.id));
            m_StoreController.InitiatePurchase(product);
```

```
                    }
                    else {
                        Debug.Log("BuyProductID: FAIL. Not purchasing product,
either is not found or is not available for purchase");
                    }
            } else {
                Debug.Log("BuyProductID FAIL. Not initialized.");
            }
        }


        public void RestorePurchases()
        {
            // 구매가 설정되지 않은 경우 ...
            if (!IsInitialized()){
                Debug.Log("RestorePurchases FAIL. Not initialized.");
                return;
            }

            if (Application.platform == RuntimePlatform.IPhonePlayer ||
                Application.platform == RuntimePlatform.OSXPlayer) {

                Debug.Log("RestorePurchases started ...");
                var apple = m_StoreExtensionProvider.GetExtension<IAppleExtensio
ns>();

                apple.RestoreTransactions((result) => {

                Debug.Log("RestorePurchases continuing: " + result + ". If
no further messages, no purchases available to restore.");
                });
            } else {
                Debug.Log("RestorePurchases FAIL. Not supported on this
                        platform. Current = " + Application.platform);
            }
        }

    // --- IStoreListener
    public void OnInitialized (IStoreController controller,
                            IExtensionProvider extensions) {
```

```
        Debug.Log("OnInitialized: PASS");
        m_StoreController = controller;
        m_StoreExtensionProvider = extensions;
    }
    public void OnInitializeFailed(InitializationFailureReason error){
        Debug.Log("OnInitializeFailed InitializationFailureReason:" + error);
    }

    public PurchaseProcessingResult ProcessPurchase (PurchaseEventArgs args){
        if (String.Equals(args.purchasedProduct.definition.id,
kRemoveAds, StringComparison.Ordinal)){
            Debug.Log(string.Format("ProcessPurchase: PASS. Product:
'{0}'", args.purchasedProduct.definition.id));

            PlayerPrefs.SetInt("noads", 1); //4
            mainMenuScript.noAdsButton.gameObject.SetActive(false);
        } else {
            Debug.Log(string.Format("ProcessPurchase: FAIL. Unrecognized
product: '{0}'", args.purchasedProduct.definition.id));
        }
        return PurchaseProcessingResult.Complete;
    }

    public void OnPurchaseFailed(Product product,PurchaseFailureReason
failureReason) {
        Debug.Log(string.Format("OnPurchaseFailed: FAIL. Product:
                                '{0}', PurchaseFailureReason: {1}",
                                0 product.definition.storeSpecificId,
                                failureReason));
    }
}
```

상품은 소모품, 비소모품, 구독의 세 가지 종류가 있다.

- 소모품consumable은 한 번만 사용할 수 있다.
- 비소모품nonconsumable은 여러 번 사용할 수 있다.
- 구독subscription은 매달 일정 사용료를 지불하는 구독형 서비스(예: 넷플릭스)다.

상품을 설정할 때는 네 가지 단계를 기억해야 하며, 코드 주석에 붙은 네 개의 번호에서 각각의 단계를 수행한다.

먼저 안드로이드 스토어에서 설정한 것과 동일한 문자열을 설정한다.

초기화된 Purchasing 함수에서 지정하는 상품은 스토어가 빌드될 때 제공되는 상품이다. 스토어는 스토어 아이콘을 클릭할 때마다 빌드된다.

빌더builder는 상품을 스토어에 추가한다. 여기에서 상품 이름과 종류를 지정한다.

```
builder.AddProduct(kRemoveAds, ProductType.Consumable);
```

상품을 구매할 때 호출될 함수를 만든다.

```
public void BuyRemoveAds() {
    BuyProductID(kRemoveAds);
}
```

여기에서는 상품 이름을 전달하고 BuyProductID 함수를 호출해 상품의 구매 과정을 시작한다.

마지막으로 원래 함수에서 상품을 구매했는지 확인하며, 상품을 구매한 경우 앞으로 광고가 표시되지 않도록 noads 키를 설정한다.

```
if (String.Equals(args.purchasedProduct.definition.id, kRemoveAds,
                StringComparison.Ordinal)) {
    Debug.Log(string.Format("ProcessPurchase: PASS. Product:
    '{0}'", args.purchasedProduct.definition.id));

    PlayerPrefs.SetInt("noads", 1); //4
    mainMenuScript.noAdsButton.gameObject.SetActive(false);
}
```

이제 메인 메뉴 씬에서 오른쪽 위에 새로운 버튼을 만들고 buttonClick 스크립트에 다음과 같이 IAPManager 클래스의 BuyRemoveAds 함수를 호출하는 함수를 추가한다.

```
public void noAdsButton( ) {
    IAPManager.instance.BuyRemoveAds( );
}
```

또한 mainMenu 클래스에 광고 제거를 위한 버튼을 추가하고 noads 키가 1인 경우 이 버튼을 비활성화한다.

mainMenu 스크립트는 다음과 같다.

```
using System.Collections;
using System.Collections.Generic;
using UnityEngine;

using GooglePlayGames;
using UnityEngine.SocialPlatforms;
using GooglePlayGames.BasicApi;

using UnityEngine.UI;

public class mainMenuScript : MonoBehaviour
{
    bool isUserAuthenticated = false;
    public static Button noAdsButton;

    // Use this for initialization
    void Start( )
    {
        Debug.Log("[Application Launch] Awake");
        PlayGamesPlatform.Activate( );
        PlayGamesPlatform.DebugLogEnabled = true;

        int value = PlayerPrefs.GetInt("noads");
```

```
        if (value == 1) {
            noAdsButton.gameObject.SetActive(false);
        }
    }

    // Update is called once per frame
    void Update()
    {
        if (!isUserAuthenticated) {
            Social.localUser.Authenticate((bool success) => {
                if (success){
                    Debug.Log("You've successfully logged in");
                    isUserAuthenticated = true;
                } else {
                    Debug.Log("Login failed for some reason");
                }
            });
        }
    }
}
```

이제 게임을 개발자 콘솔에 추가하는 마지막 과정이 남았다. All Application ＞ PunchyPunch
로 이동하고 목록에서 In-app products 옵션을 클릭한 후 + Add new product 버튼을 클
릭한다.

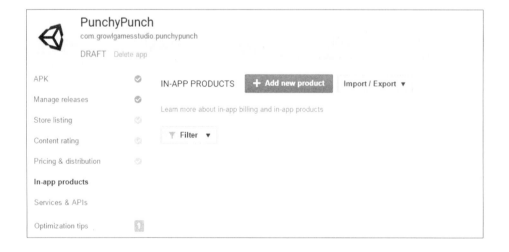

Managed product 옵션을 선택하고 Product ID 필드에 removeads를 추가한다. 이 문자열은 IAPManager 클래스에서 설정한 것과 동일하다.

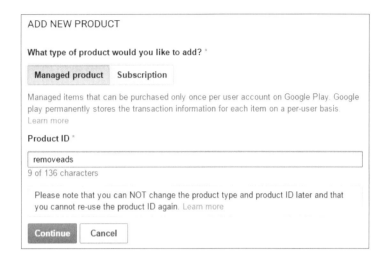

다음은 Title과 Description 필드에 각각 제목과 설명을 추가한다.

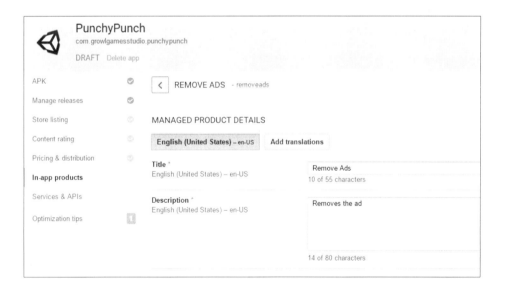

다음은 아래쪽의 **Add a price** 버튼을 클릭하고 **Default price** 필드에 적당한 가격을 입력한 후 **Apply** 버튼을 클릭한다.

이제 **In-App products**에 해당 앱이 표시된다.

이제 앱을 빌드하고 실행할 수 있지만, 인앱 구매는 앱을 게시한 후에만 테스트할 수 있다. 어떻게 작동하는지는 8장에서 다시 살펴본다.

SNS 통합

먼저 페이스북 공유 통합을 설정해보자. 먼저 페이스북 개발자 사이트(https://developers.facebook.com/)로 이동하고 자신의 페이스북 로그인과 암호를 이용해 로그인한다.

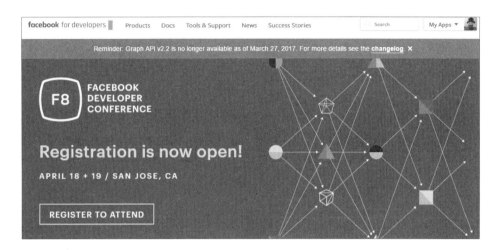

위쪽의 My Apps에서 Add a New App 옵션을 선택한다.

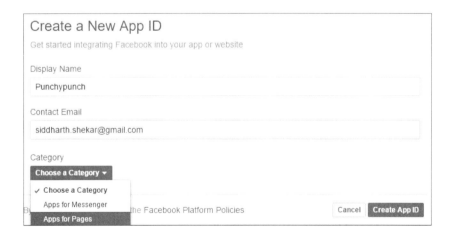

Display Name 필드에 게임의 이름을 입력한다. 연락처 이메일 주소를 추가하고 Category 목록에서 Apps for Pages 옵션을 선택한 후 Create App ID 버튼을 클릭한다.

설정에서 아래쪽의 + Add Platform 버튼을 클릭하고 안드로이드를 선택한다. Google Play Package Name 필드에는 앱의 패키지 이름을 입력하고, Class Name 필드에서 역순의 웹 사이트 이름에 클래스 이름을 합친 이름을 입력한다. 유니티에서 관리자를 생성할 때 클래스 이름을 이와 일치하게 지정해야 한다.

제공되는 앱 ID는 나중에 필요하므로 복사해둔다. 오른쪽 위 모서리에는 DOCs라는 버튼이 있는데, 유니티용 페이스북 SDK를 다운로드해야 하므로 이를 클릭한다. 목록에서 유니티 SDK를 클릭하면 다운로드가 시작된다.

Product Docs	SDKs	Platforms
Account Kit	Android SDK	iOS Developers
Analytics for Apps	iOS SDK	Add Facebook to your iOS app.
App Ads	Swift SDK	
App Development	React Native SDK	Android Developers
App Invites	JavaScript SDK	Add Facebook to your Android app.
App Links	PHP SDK	
Atlas API	tvOS SDK	Web Developers
Facebook Audience Network	Unity SDK	Add Facebook to your site or web app.

SDK를 다운로드한 다음에는 현재 유니티 프로젝트를 열고 패키지를 가져온다.

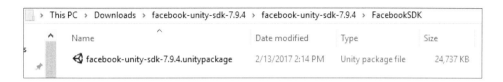

모든 확인란을 선택하고 Import 버튼을 클릭한다.

프로젝트에 새로운 Facebook 탭에 추가됐음을 알 수 있다. 이를 클릭하고 Edit Settings 옵션을 선택한다.

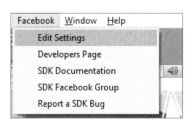

Inspector에서 App Name (Optional)과 App ID [?] 필드에 페이스북 개발자 콘솔에 표시되는 항목과 동일하게 입력한다.

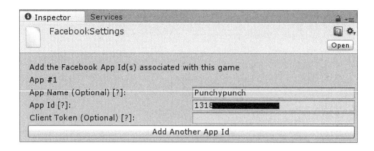

fbManager라는 클래스를 새로 만들고 다음 코드를 추가한다.

```
using System.Collections;
using System.Collections.Generic;
using UnityEngine;

using Facebook.Unity;
using System.Linq;

public class fbManager : MonoBehaviour
{
    void Awake() {
        if (!FB.IsInitialized) {
            FB.Init();
        } else {
            FB.ActivateApp();
        }
    }

    public void Share() {
        if (FB.IsLoggedIn)
        {
            FB.ShareLink(contentTitle: "Growl Games Studio",
                contentURL: new System.Uri
                ("http://www.growlgamesstudio.com"),
```

```
                contentDescription: "Like and Share my page",
                callback: onShare);
        } else {
            // Debug.Log("User Cancelled Login");
            FB.LogInWithReadPermissions(null, callback: onLogin);
        }
    }

    private void onLogin(ILoginResult result) {
        if (result.Cancelled)
        {
            Debug.Log(" user cancelled login");
        }
        else {
            Share();
        }
    }

    private void onShare(IShareResult result) {
        if (result.Cancelled || !string.IsNullOrEmpty
            (result.Error))
        {
            Debug.Log("sharelink error: " + result.Error);
        } else if(!string.IsNullOrEmpty(result.PostId)) {
            ...
        }
    }
} // 클래스
```

Awake 함수에서는 먼저 페이스북 SDK가 초기화됐는지 확인하며, 초기화되지 않은 경우 초기화하고 앱을 활성화한다.

Share 함수는 메인 메뉴에서 페이스북 버튼을 눌렀을 때 호출할 함수다.

버튼을 누르면 함수가 사용자가 로그인했는지 확인하며, 로그인한 경우 sharelink 함수를 사용해 포스트를 수행한다. 이를 위해 콘텐츠 제목, 웹사이트 링크, 그리고 설명을 전달한다. 또한 포스트가 정상 수행됐는지 확인하는 콜백 함수도 지정한다.

사용자가 로그인하지 않은 경우 loginWithPermissions 함수를 사용해 로그인하며, 이번에도 사용자가 로그인했는지 확인하는 콜백 함수를 지정한다. 사용자가 로그인한 후에는 다시 Share 함수를 호출한다.

공유하는 동안 취소된 경우 onShare 콜백이 오류가 있었음을 알리며, 그렇지 않으면 메시지를 포스트한다. 이제 메인 메뉴에 페이스북 공유를 위한 새로운 버튼을 만들고 버튼을 누르면 Share 함수를 호출한다.

페이스북에서 요구하는 openSSL도 설치해야 한다. https://code.google.com/archive/p/openssl-for-windows/downloads에서 OpenSSL을 다운로드하고 압축을 해제한 후 설치한다. 시스템 환경 변수를 검색하고 연다.

시스템 변수 섹션에서 해당 경로를 찾고 **편집**을 클릭한다.

환경 변수 편집 아래에서 **새로 만들기**를 클릭하고 OpenSSL 바이너리 위치를 지정한 후 **확인**을 클릭한다. **새로 만들기**를 다시 클릭하고 JDK 바이너리 위치를 추가한 후 **확인**을 클릭하고 종료한다.

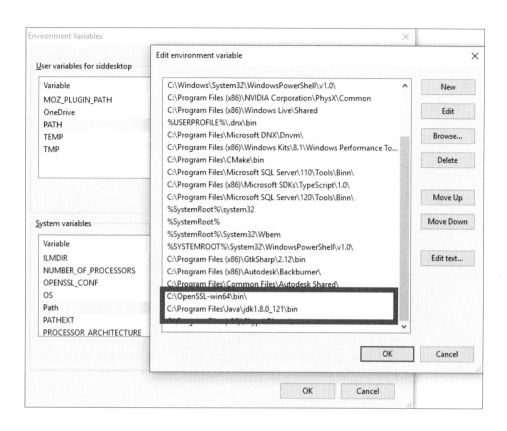

페이스북 SDK를 설치할 때 이전 버전의 support-annotations-23.4.0.jar와 support-
v4-23.4.0.aar 라이브러리가 있으면 빌드 오류가 발생할 수 있는데, 이 경우 페이스북 안
드로이드 라이브러리 폴더로 가서 이러한 파일을 지워야 한다.

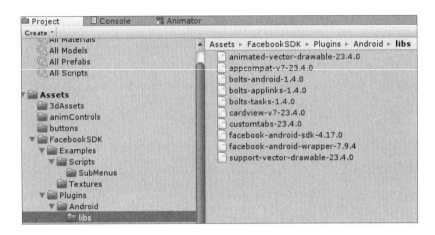

이제 애플리케이션을 빌드하고 실행한 후 메인 메뉴에서 페이스북 버튼을 클릭한다. 로그
인을 거치면 페이스북에 포스트할 준비가 된다.

다음은 트위터 공유에 대해 살펴보자. 트위터 공유는 아주 쉽다. 메인 메뉴에 트위터 공유
를 호출하는 버튼을 만들고, 버튼을 누르면 호출할 스크립트를 버튼에 연결한다. 다음과
같이 buttonClick 클래스에 openTwitter라는 함수를 추가한다.

```
public void openTwitter() {
    string appStoreLink =
    "https://play.google.com/store/apps/details?
    id=com.growlgamesstudio.pizZapMania";

    string twitterAddress = "http://twitter.com/intent/tweet";
    string descriptionParameter = "Punchy Punch";
    string message = "GET THIS AWERSOME GAME";//text string

    Application.OpenURL(twitterAddress + "?text=" +
        WWW.EscapeURL(message + "n" + descriptionParameter + "n" +
appStoreLink));
}
```

앱스토어 링크, 트위터 트윗 인텐트 주소 링크, 설명, 메시지를 저장할 문자열을 변수를 만들고 초기화한 후, 이 정보를 문자열을 통해 전달하고 Application.OpenURL을 호출한다.

이제 애플리케이션을 빌드하고 트위터 버튼을 누르면 트윗을 공유할 수 있다.

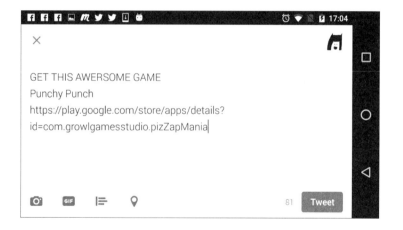

▌ 요약

7장에서는 지금까지 사용한 마우스 클릭 대신 터치 입력을 사용하는 방법을 알아봤다.

또한 개발자 계정을 만들고 앱을 준비했다. 장치에서 앱을 실행하는 방법을 알아봤고, 스토어에 앱 항목을 만들고 APK를 업로드하는 방법을 배웠다. 게임 플레이 횟수를 기준으로 획득할 수 있는 업적을 추가했으며, 수익 창출을 위한 인앱 구매와 광고 통합에 대해 알아봤다. 8장에서는 마지막으로 게임을 공개하는 방법을 알아본다.

08

사운드, 마무리, 게시

8장에서는 게임에 사운드를 추가하는 방법과 여러 해상도를 가진 다양한 안드로이드 장치에서 앱을 실행하는 방법을 알아본다. APK를 초기화해 파일 크기를 줄이는 방법과 앱 게시를 준비하기 위해 아이콘을 추가하는 방법을 알아본다. 또한 앱스토어에 제공할 아이콘과 이미지를 준비하고, 마지막으로 게시 버튼을 눌러 앱을 앱스토어에 게시해본다.

8장에서 다룰 주제는 다음과 같다.

- 사운드 추가
- 다중 해상도 처리
- APK 크기 최적화
- 게시 준비
- 게임 게시

▌ 사운드 추가

예제로 사용할 사운드 파일은 8장 예제 파일의 Resources 폴더에 있다. 파일은 모두 세 개인데, 두 개는 사운드 효과용 파일이고 나머지 하나는 음악 파일이다.

사운드 효과 중 펀치 사운드는 적이나 플레이어가 공격을 당했을 때 재생되며, 방어 사운드는 공격을 막았을 때 재생된다. bgMusic 파일은 씬을 로드할 때 재생할 배경 음악 파일이다. Audio 폴더를 프로젝트로 드래그한다.

메인 메뉴 씬을 열고 bgMusic 파일을 씬으로 드래그한 다음 Inspector 패널을 살펴보자.

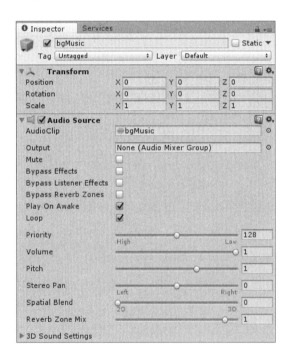

배경 음악의 위치는 관계가 없지만 배경 사운드로 사용하려는 경우 음원의 위치를 적절하게 설정해야 한다.

Play On Awake 옵션은 기본적으로 선택되며 이 경우 기본값으로 둔다. 음악을 반복하려면 Loop 확인란도 선택해야 한다.

이제 씬을 플레이하면 사운드가 자동으로 재생되는 것을 알 수 있다. 게임과 옵션 씬에서도 같은 작업을 한다. 다음은 펀치와 방어 사운드 효과를 추가해보자.

플레이어가 버튼을 클릭할 때마다 오디오 피드백을 제공해 버튼을 눌렀음을 알려주는 것이 좋다.

먼저 펀치 사운드 효과를 씬에 추가한다. 씬이 시작할 때 사운드를 자동으로 재생하는 Play On Awake 옵션은 이 경우 적절하지 않으므로 해제한다.

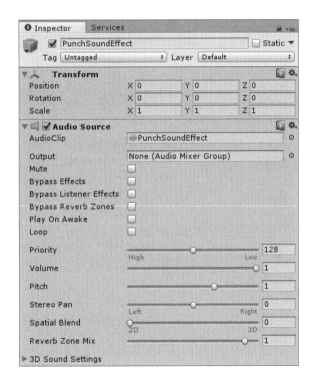

이 사운드 효과는 스크립트를 이용해 재생한다. buttonClicks.cs 파일을 열고 클래스 맨 위에 AudioSource 형식의 public 변수 punchSound를 만든다.

```
public class buttonClick : MonoBehaviour {
    public AudioSource punchSound;
    public IAPManager iapManager;
```

스크립트가 연결된 게임오브젝트를 선택하고 Punch Sound 필드에 펀치 사운드 효과를
지정한다.

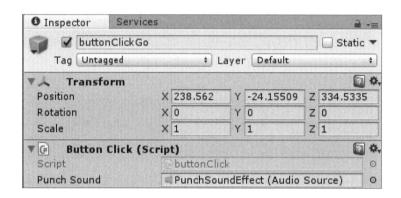

이제 어디에서든 음원을 재생할 수 있다. 예를 들어 새로운 씬을 로드하는 onButtonClick
클래스에서 함수를 호출할 수 있다.

```
punchSound.Play();
```

그런데 실제로는 사운드가 재생되기 전에 씬이 바뀌므로 펀치 사운드 효과가 제대로 재생
되지 않는다. 따라서 함수를 약간 수정해야 한다.

다음 코드에서는 코루틴co-routine을 이용해 약간 대기한 후 씬을 로드해 사운드가 재생되
게 한다.

```
public void onButtonClick (string level){
    punchSound.Play();
    StartCoroutine (onSceneLoad(level));
```

```
}

IEnumerator onSceneLoad (string sceneName) {
    yield return new WaitForSeconds(0.5f);
    SceneManager.LoadScene(sceneName);
}
```

onButtonClick 함수에서 호출하려는 함수를 전달하고 새로운 코루틴을 시작한다. 그런 다음 호출될 함수를 작성한다. 이 함수는 IEnumerator를 반환해야 한다.

그런 다음 0.5초 동안 기다린 후 로드할 레벨의 이름을 전달하고 SceneManager.LoadScene 함수를 호출한다.

이 기능은 업적, 페이스북, 트위터 버튼을 누를 때 호출하는 함수에도 적용할 수 있다. 이 작업은 여러분이 직접 해보자. 다른 씬의 다른 버튼에도 같은 기능을 적용할 수 있다.

다음은 게임 플레이 중에 사운드 효과를 추가해보자. 우선 시작 씬에서 두 사운드 효과를 씬으로 로드한 후 자동으로 재생하지 않도록 Play On Awake 옵션을 해제한다. playerScript에 펀치와 방어 사운드 효과를 위한 public 변수를 추가한다.

```
float totalTime = 0.0f;
float timeSinceLastHit = 0.0f;
float hitTimeInterval = 30.0f * .016f;

float screenWidth = Screen.width;

public AudioSource punchSound;
public AudioSource blockSound;
```

다음 그림과 같이 Inspector에서 player Script가 연결된 theDude 게임오브젝트에 펀치와 방어 사운드를 연결한다.

이제 플레이어가 맞을 때마다 펀치 사운드 효과를 재생하고, 막을 때마다 방어 사운드 효과를 재생해야 한다. playerScript를 열고, 적이 공격하는지 확인하는 코드를 다음과 같이 수정한다.

```
if (eScript.isPunching == true) {
    if (anim.GetBool("bIsDefending") == false) {
        //Debug.Log("player got hit");
        anim.SetTrigger("tGotHit");
        health -= eScript.damage;
        Debug.Log("Player Health: " + health);
        punchSound.Play();
    } else {
        blockSound.Play();
    }
}
```

두 사운드 효과가 정상적으로 재생될 것이다. 다음은 적 캐릭터도 같은 방법으로 수정한다.

적 캐릭터의 스크립트도 다음과 같이 비슷하게 수정한다.

```
if (pAnim.GetBool("tIsPunching")) {
    if (anim.GetBool("bEnemyIsDefending") == false) {
    // Debug.Log("enemy got hit");
    anim.SetTrigger("tEnemyGotHit");
    anim.SetBool("bEnemyIsDefending", true);
    health -= pScript.damage;
    Debug.Log("Enemy Health: " + health);
    punchSound.Play();
    } else {
        blockSound.Play();
    }
}
```

▌ 다중 해상도 처리

유니티에서는 다중 해상도를 아주 손쉽게 처리할 수 있다. 메인 메뉴 씬을 열고 Hierarchy 에서 Canvas 컴포넌트를 선택해보자.

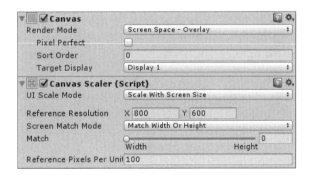

캔버스 스케일러canvas scaler 컴포넌트는 화면의 너비와 높이를 기준으로 UI 캔버스의 배율을 조정하는 역할을 한다. UI Scale Mode 필드를 Scale With Screen Size로 설정한다. 그러면 UI 요소의 배율을 화면의 너비와 높이를 기준으로 조정한다.

또한 reference resolution에 UI의 배율을 조정하는 기준이 될 참고 해상도를 지정한다. 여기에서는 800x600으로 지정했다. 이 해상도에 UI의 크기 배율을 맞출 수 있다면 다른 16:9 해상도에도 UI의 크기 배율을 맞출 수 있다.

다음은 배율 조정 방법을 결정하는 Match 프로퍼티가 있다. 여기에서는 너비를 먼저 맞추고 적절하게 높이의 배율을 조정하게 했다. 다른 씬에 있는 캔버스에 대해서도 이와 같이 배율 조정 방법을 설정해야 한다. 이러한 설정 과정이 끝나면 화면 해상도에 따라 적절하게 UI의 배율이 조정된다.

▌ APK 최적화

개별 파일의 크기를 알아보려면 유니티의 콘솔을 사용할 수 있다. 콘솔 패널의 오른쪽 위에 있는 작은 아래쪽 화살표를 클릭하고 팝업 메뉴에서 Open Editor Log 항목을 선택한다.

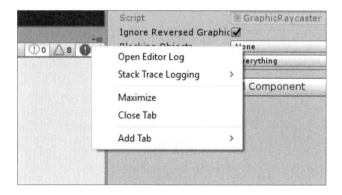

그러면 로그 정보가 들어 있는 텍스트 파일이 표시된다. 개별 파일의 크기가 나오는 곳까지 텍스트 파일을 아래로 스크롤한다. 여기에서 볼 수 있듯이 유니티는 사용되지 않는 에셋을 게임에서 제거하는 영리한 작업을 대신해준다.

또한 에셋을 분석하고 각 에셋이 차지하는 공간의 비율을 보여준다. 이 예에서는 menuImage.jpg, ground.jpg, wall.jpg 이미지 파일이 상당히 크다는 점을 알 수 있다.

```
Editor.log - Notepad                                                          —    □    ×
File  Edit  Format  View  Help

Unloading 117 unused Assets to reduce memory usage. Loaded Objects now: 3074.
Total: 20.783794 ms (FindLiveObjects: 0.214747 ms CreateObjectMapping: 0.029842 ms MarkObjects: 7.414929 ms  DeleteObjects:

WARNING: Shader Unsupported: 'VR/SpatialMapping/Wireframe' - Pass '' has no vertex shader
WARNING: Shader Unsupported: 'VR/SpatialMapping/Wireframe' - Setting to default shader.
Compressed shader 'Standard' on gles from 0.75MB to 0.06MB
Compressed shader 'Standard' on gles3 from 1.26MB to 0.08MB

Textures      6.8 mb     52.1%
Meshes        62.2 kb    0.5%
Animations    45.5 kb    0.3%
Sounds        397.3 kb   3.0%
Shaders       233.0 kb   1.8%
Other Assets  97.5 kb    0.7%
Levels        175.5 kb   1.3%
Scripts       1.3 mb     9.6%
Included DLLs 3.9 mb     30.3%
File headers  38.0 kb    0.3%
Complete size 13.0 mb    100.0%

Used Assets and files from the Resources folder, sorted by uncompressed size:
 2.6 mb   20.3% Assets/images/menuImage.jpg
 1.5 mb   11.3% Assets/images/ground.jpg
 1.5 mb   11.3% Assets/images/wall.jpg
 382.5 kb        2.9% Assets/Audio/bgMusic.mp3
 294.3 kb        2.2% Resources/unity_builtin_extra
 252.6 kb        1.9% Assets/buttons/homeBtn2.png
 252.6 kb        1.9% Assets/buttons/resetBtn2.png
 252.6 kb        1.9% Assets/buttons/pauseBtnOFF.png
 111.2 kb        0.8% Assets/3dAssets/theDude.FBX
 88.6 kb         0.7% Assets/buttons/noads.png
 69.5 kb         0.5% Assets/buttons/achBtn.png
 64.6 kb         0.5% Assets/buttons/twitter.png
 58.7 kb         0.4% Assets/buttons/playBtn_pressed-ipad.png
 58.7 kb         0.4% Assets/buttons/playBtn_normal-ipad.png
 39.4 kb         0.3% Assets/buttons/facebook.png
 29.0 kb         0.2% Assets/fonts/duncecapbb_reg.ttf
```

JPEG 파일의 크기를 줄일 수 있는 인기 있는 툴에는 Paint.NET이 있다. 이 툴은 http://www.getpaint.net/index.html에서 다운로드할 수 있으며 무료 애플리케이션이다.

비슷하게 PNG 이미지의 경우 https://pmt.sourceforge.io/pngcrush에서 제공되는 PNG Crush를 사용해 파일의 크기를 줄일 수 있다.

전체적으로는 가급적 비트맵 이미지보다는 벡터 그래픽을 사용하는 편이 저장 공간을 최적화하는 데 도움이 되는 것은 물론, 해상도에 관계없이 깨끗한 이미지 품질을 얻는 데 도움이 된다.

▍ 게시를 위한 빌드 준비

아직 앱의 아이콘이 준비되지 않았다. 앱 아이콘을 디자인한 후에는 여러 안드로이드 장치에 맞게 아이콘을 설정한다.

한 이미지에서 여러 다른 크기의 앱 아이콘을 얻는 데는 http://makeappicon.com/ 웹사이트를 사용할 수 있다. 원하는 아이콘의 원본을 제공하면 이 웹사이트에서 다양한 크기의 아이콘을 생성해준다. 아이콘 폴더의 파일로 검색하거나 파일을 웹사이트의 링크로 드래그하면 아이콘을 생성하고 지정한 이메일 주소로 보내준다.

이메일을 받으면 파일을 다운로드하고 Project 폴더의 Icons 폴더로 압축을 해제한다.

유니티에서 PlayerSettings를 연다. PlayerSettings에서 회사 로고를 추가할 수 있다. Company Name과 Product Name 필드에 각각 회사 이름과 제품 이름을 지정한다. Resolution and Presentation 섹션 아래에서는 Default Orientation* 필드를 Landscape Left로 설정한다.

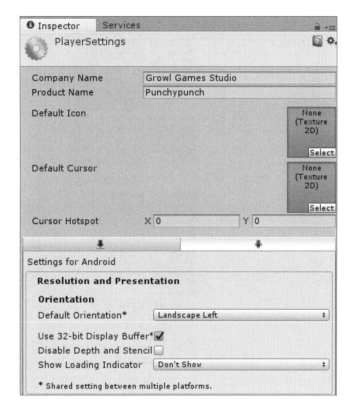

아이콘 컴포넌트에서 Override for Android 옵션을 선택하고 올바른 해상도별로 아이콘을 선택한다.

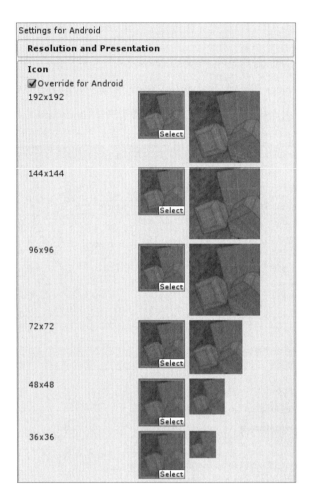

다음은 스플래시 스크린 섹션이다. 유니티 프로 사용자의 경우 스플래시 스크린을 직접 선택할 수 있지만 그렇지 않으면 비워둔다. 다음으로 Other Settings 필드에서는 올바른 패키지 이름, 버전, 번들 버전 코드를 추가해야 한다.

이 책에서는 최대한 많은 사용자를 지원하기 위해 최소 API 레벨에 4.0을 선택했지만, 최소 API 레벨을 설정하기 전에 실제 장치에서 게임이 작동하는지 확인해야 한다. 나머지 설정은 기본값으로 둔다.

다음으로 Publishing Settings에서는 자신의 키스토어를 선택하고 해당 암호를 입력한다. 키에 대한 별칭을 선택하고 Password에 암호를 입력한다.

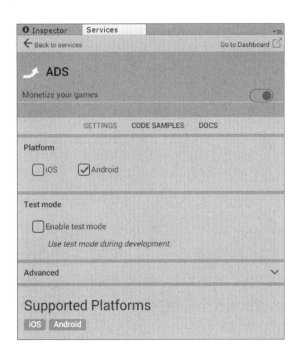

다음은 Services를 열고 ADS 링크를 선택한 다음 Enable test mode 옵션을 해제해 테스트 기능을 비활성화한다.

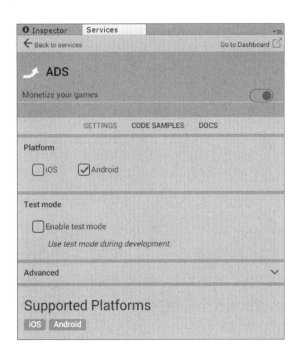

다음은 Build Settings를 열고 스토어에 업로드할 APK를 빌드한다.

▌ 게임 게시

안드로이드 개발자 콘솔을 열고 **All Applications**를 선택한 다음 게시하려는 앱을 선택한다. 앞에서 빌드한 APK를 사이트로 업로드한다.

다음은 게임을 게시하기 전에 모든 섹션에 녹색 체크 표시가 나오는지 확인해야 한다.

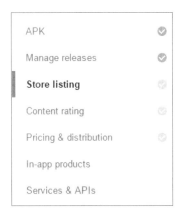

Store listing 링크를 선택하고 Title, Short Description, Full Description 필드에 내용을 입력한다.

- Title 필드에는 앱스토어에 표시될 게임의 이름을 지정하므로 고유하고 기억하기 쉬운 이름을 지정한다.
- Short Description도 스토어에 표시될 간단한 내용이며 게임과 앱을 간단하게 소개하는 내용이다. 일반적으로 게임을 다른 게임과 차별화하는 장점과 매력적인 요소를 설명한다. 또한 게임 장르를 여기에 명시해 해당 장르를 원하는 플레이어가 더 관심을 가질 수 있게 한다. 사용자가 링크를 클릭하면 전체 설명이 표시된다.

- **Full Description** 필드에는 게임에 대한 자세한 설명을 입력한다. 게임의 특징이나 스토리와 플레이어의 동기에 대한 간단한 요약을 포함할 수 있다. 다음 그림에서 지은이가 입력한 사례를 볼 수 있다.

아래쪽에는 아이콘, 이미지, 특징 그래픽을 제공해야 한다. 아이콘과 이미지를 제대로 선택하는 것은 게임이 성공하는 데 매우 중요하다.

아이콘은 사용자가 앱을 접할 때 가장 먼저 보는 부분이므로 중요시해야 한다. 앱스토어에 매일 출시되는 셀 수 없이 많은 앱 중에서 사용자의 눈에 들고 선택을 받으려면 첫인상이 무엇보다 중요하다. 게임의 핵심을 요약할 수 있으며, 동시에 앱스토어에 있는 수백만 개의 다른 앱과 차별화할 수 있는 올바른 아이콘을 선택하기 위해 충분한 고려와 노력이 필요하다.

사용자가 아이콘에 흥미를 보이고 이를 클릭했을 때 다음으로 보게 될 항목은 이미지다. 최소 3장의 이미지를 업로드해야 하며 더 많이 업로드할 수 있다. Full Description 필드에 입력한 내용을 보완할 수 있는 이미지를 선택한다. 특징에 언급한 각 주요 사항에 해당하는 이미지를 제공하는 것이 좋다.

대상 플랫폼이 태블릿인 경우 태블릿에서 캡처한 그림을 준비한다. 또한 안드로이드 TV
나 구글 데이드림용으로 개발한 게임에서는 이들 플랫폼에서 캡처한 그림도 준비한다.

유튜브에 업로드한 홍보 비디오를 링크할 수도 있는데, 비디오의 길이는 30초 이하여야
한다.

다음은 Categorization 섹션에 세부 사항을 입력해야 한다. 여기에서 애플리케이션의 종류 Application Type, 게임의 장르Category, 회사 웹사이트 주소와 이메일 주소를 입력하고 개인 정보 보호 정책을 제출한다.

개인 정보 보호 정책을 제출하지 않는 경우 해당 확인란을 취소하고, Privacy Policy 섹션에 개인 정보 보호 정책을 적용하지 않는다는 점을 명시한다.

모든 정보를 만족스럽게 입력한 후에는 페이지 오른쪽 위 모서리에 있는 Save Draft 버튼을 클릭한다. 다음으로 게임 등급content rating 섹션이 있다.

여기에서는 게임의 콘텐츠에 불쾌할 수 있는 내용이 있는지, 그리고 게임의 품질에 IARCInternational Age Rating Coalition 등급 표준을 준수하는지 여부를 지정한다. IARC는 앱이나 모바일 게임에 등급을 부여하는 기관이다. 진행하려면 Continue 버튼을 클릭한다.

게임에 문제가 있으면 IARC에서 연락할 수 있도록 이메일 주소를 지정하고, 앱 카테고리에서는 Game을 선택한다.

Game 카테고리 아래에서는 자신의 게임에 폭력성, 공포, 성, 도박, 부적절한 언어, 규제 약물, 저질 유머 등에 해당하는 콘텐츠가 포함돼 있는지 지정한다. 해당되지 않는 항목에 모두 No 옵션을 선택한다.

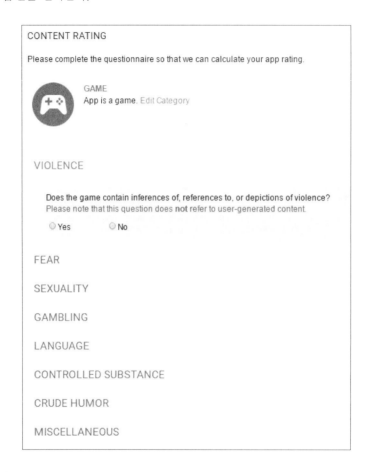

MISCELLANEOUS 카테고리에서는 디지털 구매를 제외한 모든 항목에 No 옵션을 선택한다.

이 게임에는 인앱 구매가 있으므로 이 항목에 Yes를 선택해야 한다. 옵션을 모두 선택한 후 Save Questionnaire 옵션을 클릭해 저장한다. 다음 그림과 같이 Calculate rating 탭을 클릭한다.

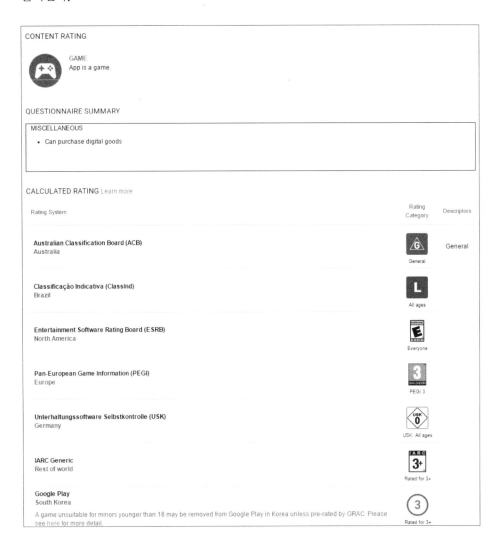

게임의 등급에 대한 요약이 표시되며 제공한 이메일로도 같은 내용이 전달된다.

Apply Rating을 클릭하면 등급이 설정된 것을 볼 수 있다. PRICING & DISTRIBUTION을 클릭하면 다음과 같은 창이 표시된다.

여기에서는 앱이 유료 또는 무료인지 선택하고, 유료를 선택한 경우 앱을 판매할 가격을 지정한다.

게임을 판매할 모든 국가를 클릭한다. Available 옵션을 클릭하고 리스트에서 모든 국가를 클릭한다. 앱을 배포하지 않을 국가는 선택을 해제할 수 있다. 또한 아래쪽의 CONTAINS ADS 필드에서 앱에 광고가 포함돼 있음을 선택한다.

아래 그림과 같이 CONSENT 체크 리스트를 선택한다. 구글 플레이 스토어 외부에서도 앱을 홍보할 수 있게 승인하려면 해당 앱이 안드로이드 콘텐츠 가이드라인과 미국 수출법을 준수해야 한다.

CONSENT

Marketing opt-out	☑ Do not promote my application except in Google Play and in any Google-owned online or mobile properties. I understand that any changes to this preference may take sixty days to take effect.
Content guidelines *	☑ This application meets Android Content Guidelines. Please check out these tips on how to create policy compliant app descriptions to avoid some common reasons for app suspension. If your app or store listing is eligible for advance notice to the Google Play App Review team, contact us prior to publishing.
US export laws *	☑ I acknowledge that my software application may be subject to United States export laws, regardless of my location or nationality. I agree that I have complied with all such laws, including any requirements for software with encryption functions. I hereby certify that my application is authorized for export from the United States under these laws. Learn more

화면 오른쪽 위 모서리에 있는 Save Draft 버튼을 클릭한다. 인앱 상품과 서비스, API는 모두 지정했으므로 이에 대해서는 따로 지정할 사항이 없지만, Game Services로 이동해서 업적을 게시해야 한다. Game Services로 이동하고 앱을 선택한다.

메인 페이지에서 Display Name과 Description 필드에 자세한 내용을 입력하고 아이콘과 특징 요약 그래픽을 업로드한다.

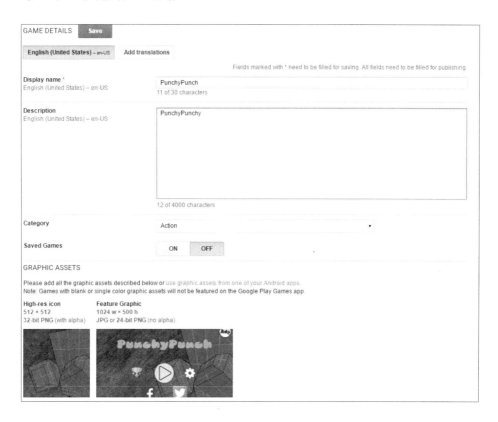

화면 왼쪽 위 모서리에 있는 Save 버튼을 클릭한다. 다음은 ACHIEVEMENTS 탭으로 이동한 후 각 업적을 선택하고 아이콘을 추가한다.

모든 업적의 아이콘을 추가한 후에는 오른쪽 위 모서리에서 게시 옵션을 선택할 수 있다. 업적을 게시한 후에는 다음과 같이 업적 페이지가 표시된다.

이제 앱 자체를 게시할 수 있다. All Applications로 가서 Manage releases를 선택한다. 그러면 출시 준비가 된 상품이 있음을 알려준다.

Resume 버튼을 클릭한다. RELEASE NAME 섹션에 세부 사항을 추가하고, 이 배포의 새로운 점을 설명하는 내용을 입력한다.

Review 버튼을 클릭하고 Start Rollout to Production을 클릭한다. 이제 앱스토어에서 앱이 제공된다는 확인 메시지가 표시된다.

Confirm 버튼을 클릭하면 앱이 게시를 위해 대기 중이라는 내용이 표시된다.

앱을 게시하는 데는 약 1시간이 걸리고 앱스토어에 정상적으로 등록되는 데는 약 3~4시간이 걸리므로 인내심이 필요하다. 앱스토어에 게시된 다음에는 링크를 SNS에 공개하고 친구에게 게임 다운로드와 평점을 부탁한다.

페이스북에서도 한 가지 작은 사항을 처리해야 한다. 개발자 계정으로 로그인하고 페이스북에서 PunchyPunch 앱을 활성화해야 한다.

페이스북 개발자 계정으로 이동하고 앱을 선택하다. 다음은 App Review 탭으로 이동하고 Make Punchypunch Public 옵션에서 스위치를 전환해 게임을 공개한다.

이제 앱이 공개됐으므로 친구와 게임을 공유할 수 있다.

축하한다! 유니티에서 안드로이드 앱을 개발하고 구글 플레이 스토어에 앱을 게시했다.

▌ 요약

8장에서는 사운드를 게임에 추가하고, 정식으로 게시하기 전에 앱을 마무리했으며, 앱스토어에서 관련 사항을 편집했다. 마지막으로 최종 빌드를 앱스토어에 업로드하고 앱을 게시했다.

| 찾아보기 |

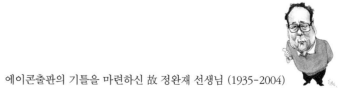

에이콘출판의 기틀을 마련하신 故 정완재 선생님 (1935-2004)

유니티로 배우는 안드로이드 게임 개발

3D/2D 안드로이드 게임 개발 마스터

발 행 | 2018년 2월 28일

지은이 | 시드하스 쉐카 · 와자하트 카림
옮긴이 | 최 민 석

펴낸이 | 권 성 준
편집장 | 황 영 주
편 집 | 조 유 나
　　　　양 아 영
디자인 | 박 주 란

에이콘출판주식회사
서울특별시 양천구 국회대로 287 (목동)
전화 02-2653-7600, 팩스 02-2653-0433
www.acornpub.co.kr / editor@acornpub.co.kr

한국어판 © 에이콘출판주식회사, 2018, Printed in Korea.
ISBN 979-11-6175-121-4
ISBN 978-89-6077-210-6 (세트)
http://www.acornpub.co.kr/book/android-game-unity-master

이 도서의 국립중앙도서관 출판시도서목록(CIP)은 서지정보유통지원시스템 홈페이지(http://seoji.nl.go.kr)와
국가자료공동목록시스템(http://www.nl.go.kr/kolisnet)에서 이용하실 수 있습니다.(CIP제어번호: CIP2018005803)

책값은 뒤표지에 있습니다.